GENOMA HUMANO
Y DERECHO

GENOMA HUMANO Y DERECHO

PRIVACIDAD DE LOS DATOS GENÉTICOS Y EL CASO DE LAS PRUEBAS DE PATERNIDAD IMPUTADA

OMAR MORENO HIDALGO

Número de Control de la Biblioteca del Congreso
de EE. UU.:   2011915414
ISBN: Tapa Dura   978-1-4633-0729-5
             Tapa Blanda   978-1-4633-0731-8
             Libro Electrónico   978-1-4633-0730-1

Este Libro fue impreso en los Estados Unidos de América.

Para pedidos de copias adicionales de este libro, por favor contacte con:
Palibrio
1663 Liberty Drive, Suite 200
Bloomington, IN 47403
Llamadas desde los EE.UU. 877.407.5847
Llamadas internacionales +1.812.671.9757
Fax: +1.812.355.1576
ventas@palibrio.com
344561

ÍNDICE

I   EL GENOMA HUMANO. EVOLUCIÓN DE SU DESCUBRIMIENTO Y ESTUDIO... 7

II   IMPACTO EN EL DERECHO 18

III   EL ANÁLISIS DE ADN COMO MEDIO DE PRUEBA EN EL DERECHO 44

IV   LÍMITES AL ANÁLISIS DE ADN COMO PRUEBA CONTRA DERECHOS HUMANOS............................... 72

V   EL DERECHO DE LOS MENORES CONTRA EL DERECHO DE PRIVACIDAD E INTIMIDAD 103

VI   PROPUESTA PARA IMPLEMENTAR LA PRUEBA DE ADN EN CASOS DE PATERNIDAD............................... 126

CONCLUSIONES 133

GLOSARIO 135

BIBLIOGRAFÍA 143

CITAS DE INTERNET 149

TESIS AISLADAS Y JURISPRUDENCIAS DEL PODER JUDICIAL FEDERAL 151

I

EL GENOMA HUMANO. EVOLUCIÓN DE SU DESCUBRIMIENTO Y ESTUDIO

La importancia de comenzar por referir la investigación del **genoma** humano se debe a que en el ámbito de la Biología ocurrieron una serie de descubrimientos de forma ininterrumpida y constante que desembocarían en la **secuenciación** del genoma humano, misma que operaría una **revolución de tipo científico,** que no solo se haría ostensible en el ámbito de las ciencias biológicas, sino que alcanzaría disciplinas tan aparentemente incompatibles como lo sería, en una primera impresión, el Derecho; y, es que la secuenciación del genoma llegó a la zona, hasta antes de la introducción de las pruebas de **ADN (ácido desoxirribonucleico),** casi inexpugnable del ámbito jurídico. De este modo, la secuenciación del genoma desde el momento en que comenzó a vislumbrarse, reveló una serie de cuestiones que se creyó ocasionarían un sinnúmero de tribulaciones que pasan al terreno de la discriminación, la contratación laboral, de seguros, la manipulación del mismo genoma para distintos fines (reproductivos y alimentarios), y los que tal vez, en nuestra opinión tienen actualmente mayor aplicación y se prestan a la controversia. Nos referimos a los ámbitos penal y civil. En estas últimos ramas del Derecho, sería donde operaría el mayor cambio al interior del propio derecho, en cuanto a materia probatoria se refiere.

Encontrando las primeras aplicaciones de la nueva tecnología en el ámbito criminal en el mundo anglosajón, cuando el inventor de la huella genética, Alec Jeffreys al ser requerido para esclarecer un asesinato en Inglaterra, revelaría no solo la utilidad de la huella genética para la identificación forense, sino que alcanzaría con posterioridad el ámbito civil en las cuestiones relativas a la paternidad, creando la simbiosis entre la Biología y el Derecho.

Con este brevísimo esquema general delineado, se observa que para poder acceder a la claridad de esta nueva relación Biología y Derecho, que entraña su aplicación en la materia probatoria referente a las pruebas de ADN; en este caso, el relativo a la imputación de paternidad, resulta imprescindible, como en todo estudio, realizar una reseña de los eventos anteriores que posibilitarían la secuenciación del genoma humano, ya que la misma no fue producto de la generación espontánea ni de un día, sino resultado de la evolución y transformación de las ideas al interior de la biología. El objeto de realizar dicha retrospectiva es la de contar con las respuestas que en su momento los científicos encontraron para develar el misterio de la transferencia de caracteres de una generación a otra, y que finalmente allanaría el camino para pasar de una actitud contemplativa a una de mayor interacción con respecto al material biológico para su posterior manipulación.

Este contexto histórico, comienza con la interrogante ¿cómo ocurría la herencia de unas especies a otras? Tiene su inicio con la búsqueda de la respuesta a través de Aristóteles; de acuerdo con Ryan Gregory, el estagirita conjeturaría sobre el origen de la herencia llegando a afirmar que la sangre era la sustancia que intervenía en la transferencia de caracteres de una especie a otra. Así, la madre contribuía con su sangre y el padre con su semen al desarrollo del feto[1].

James Watson refiere que serían los griegos quienes sentarían las bases de la teoría pangenérica. De acuerdo con esta, el sexo involucraba la transferencia de partes del cuerpo en miniatura, tales como: cabello, uñas, venas, arterias mismas que se separaban una de la otra mientras crecían[2].

---

[1]   Ryan, Gregory *The evolution of the genome,* p. 521.
[2]   James Watson, *ADN The secret of life,* p. 7.

Contraria a la teoría pangenérica, surge la teoría del preformismo, en la cual tanto el óvulo como el esperma contienen un individuo completo denominado homónculo.

Tal vez quien proporcionaría una de las respuestas más acertadas y que ha permanecido incólume hasta nuestros días - además, de que las nuevas técnicas de secuenciación del genoma ayudarían a confirmar aún más la evolución de las especies[3]-, sería la teoría de la evolución de Charles Darwin, donde se encuentran términos trascendentales como los de selección natural y su relación con la lucha por la existencia. Darwin se preguntaba cómo las especies incipientes se transforman en especies buenas y diferentes, que en la mayor parte de los casos difieren entre sí mucho más que las variedades de la misma especie. De esa manera, Darwin indica que los reputados cambios son resultado:

" . . . de la lucha por la vida y que debido a ella, las variaciones, por ligeras que sean, y cualquiera que sea la causa de que procedan, si son en algún grado provechosas para los individuos de una especie, en sus relaciones muy complejas con otros seres orgánicos y con sus condiciones de vida, tenderán a la conservación de estos individuos y serán, en general, heredadas por la descendencia. La descendencia también tendrá así mayor probabilidad de sobrevivir, pues de los muchos individuos que nacen periódicamente de

---

[3]   Sobre este particular se debe recordar como indica Matt Ridley que el genoma humano se constituye por el conjunto de genes humanos que se localizan en 23 pares de cromosomas. De éstos, 22 pares están numerados aproximadamente por orden de tamaño, desde el más grande –número 1- al más pequeño- número 22-, en tanto que el par restante consta de los cromosomas X en las mujeres, un X y un pequeño Y en los hombres. En tamaño, el X se sitúa entre los cromosomas 7 y 8, mientras que el Y es el más pequeño. La razón de que en el ser humano existan 23 pares de cromosomas y no 24 como en los chimpancés, se debe a que el cromosoma 2, el segundo más grande de los cromosomas humanos, en realidad está formado por la fusión de dos cromosomas de mono de tamaño medio, tal como puede observarse a partir del patrón de bandas negras sobre los cromosomas respectivos, en: Matt Ridley, *Genoma,* pp. 20 y 54.

una especie cualquiera, sólo un pequeño número logra sobrevivir"[4].

La referida lucha por la supervivencia que Darwin vincula con la selección natural, la realiza en el sentido de que toda variación perjudicial tiene que ser destruida para dar cabida a las conservaciones y diferencias individualmente favorables.

Las ideas señaladas por Darwin contribuirían a los estudios en materia biológica; sin embargo, entre los pocos yerros que tuvo Darwin se encuentran aquellos relacionados a las ideas de la pangénesis, ya que suponía que ésta se relacionaba con la selección natural que operaba en las variaciones producidas. No sería hasta principios del siglo XIX, cuando Augusto Weissmann demostraría que la herencia dependía de la continuidad del **plasma germinal** entre generaciones y por consecuencia los cambios en el cuerpo de un individuo no podrían ser transmitidos a generaciones subsecuentes[5].

Sería Gregorio Mendel, un monje austriaco, quien daría a conocer poco después de la publicación del libro del *origen de las especies*, por intermediación de su obra intitulada *Procedimientos de la sociedad de las ciencias naturales,* la explicación de la hipótesis de que la herencia es controlada por factores de unidad, es decir, a través de los **genes**[6].

A la muerte de Mendel, Walter Sutton se percataría de que los **cromosomas** tenían mucho en común con los factores de unidad descritos por el monje austriaco. Sutton confirmaría la teoría de Mendel

---

[4] Charles Darwin, *El origen de las especies,* p. 61.

[5] El experimento de Weissmann consistió en cortar las colas de varias generaciones de ratones. De acuerdo a la pangénesis de Darwin, los ratones sin cola producirían crías sin cola y así las crías de éstos. Cuando Wismann mostró que la cola continuaba apareciendo después de varias generaciones de amputados, la pangénesis quedaría destruida, en: J. Watson, ibídem, p. 8.

[6] Gregor Johann Mendel reportó sus descubrimientos sobre las leyes fundamentales de la herencia. Sugería que cada célula contenía pares de "factores" y que cada par determinaba un rasgo específico. Los miembros de cada par segregados de cada uno durante el proceso de la formación de células sexuales, para que el gameto contuviera un miembro de cada par. Además, la segregación de cada par de factores era independiente de la segregación de otros factores pares, en: Peter Snuslad, *et. al., Principles of genetics,* p. 4.

y descubriría un tipo de células en las cuales los cromosomas no se presentaban por pares; se trataba de las células sexuales.

A pesar de estos avances quedaban ciertas dudas con respecto a la herencia. Correspondería a Thomas Hunt Morgan comprobar la teoría cromosómica[7].

Probada la teoría cromosómica, un bioquímico suizo de nombre Friedrich Miescher, en el año 1869, descubriría el ADN. Serían las primeras muestras hechas de células blancas de la sangre, que eran mezclas ordinarias de ADN y proteínas de cromosoma, lo que encontraría en un principio, pero al año siguiente, preparó una mezcla pura de ácido nucleico del esperma del salmón. Posteriormente, por medio de las pruebas químicas demostrarían que el ADN es ácido y rico en fósforo, sugiriendo que las moléculas individuales eran muy largas. Sin embargo, hasta los años treinta se apreciaría la gran longitud de las cadenas de **polimerasa**[8].

En los años treinta se encontró que el ADN era una molécula que contenía cuatro bases químicas diferentes: adenina, timina, citosina,

---

[7]   Morgan se preguntaba si todos los genes estuviesen dispuestos a lo largo de los cromosomas, y todos los cromosomas fuesen transferidos intactos de una generación a otra, entonces seguramente muchas características serían heredadas juntas. Pero desde que la evidencia empírica mostraba que este no sería el caso, la teoría de los cromosomas parecería insuficiente para explicar la variación observada en la naturaleza. Morgan tuvo la idea de como resolver estas discrepancias. Regresó a la mosca, con sus primeros mutantes observó que mientras que las moscas de la fruta normales tenían los ojos rojos, las otras los tenían blancos. Se dio cuenta que las moscas de ojos blancos eran típicamente machos. Se sabía que el sexo de la mosca de fruta, o para el caso del sexo de un ser humano, está determinado cromosómicamente. Las hembras tienen dos copias del cromosoma X, mientras que los machos poseen una copia X una copia mucho más pequeña Y. Bajo la luz de esta información, el resultado de los ojos blancos de pronto tuvo sentido: el gen del color de los ojos está localizado en el cromosoma X y el ojo blanco mutante, W, es recesivo. Por que los machos tienen solo un cromosoma X, aun genes recesivos, en ausencia de una contraparte dominante para suprimirlos, son automáticamente expresados. Las hembras de ojos blancos eran relativamente raras por que típicamente solo poseen una copia de W así que expresan el color de ojos rojos dominante, en J. Watson, *ibidem*, p. 12.

[8]   T.A. Brown, *Genomes,* p. 5.

guanina. Surge la pregunta de si las moléculas de ADN podían variar en la secuencia.

Oswald Avery demostraría, en 1944, que los revestimientos de la superficie de la bacteria de la neumonía podían ser cambiados, dejando en claro que el ADN era el principio de transformación. En ese mismo año, el físico Erwin Schrödinger publica el libro ¿ *Qué es la vida* ?, donde sostenía que la vida podía ser pensada en términos de almacenamiento y transferencia de información biológica.

Posteriormente se buscaba la estructura del ADN; se sabía que se trataba de una hélice, en este sentido; Francis Crick proponía un modelo triple, pero Watson se dio cuenta que el modelo debía ser de dos cadenas. Así, la adenina no se liga con la timina y la guanina no lo hace con la citosina. Con ello demostraron el modelo de la doble hélice del ADN, lo que les haría merecedores al Premio Nobel de Medicina y Fisiología.

Después del descubrimiento de la doble hélice, llegaba el tiempo de ser más proactivos. Ello sería posible con el advenimiento de la tecnología recombinante del ADN y a través de la adaptación de moléculas de ADN.

Con el desarrollo de las herramientas básicas para llevar a cabo estos procedimientos y gracias a un número de descubrimientos hechos a finales de los sesentas y principios de los setentas, llegaría en 1973 la tecnología recombinante de ADN y la capacidad para editarlo. Los científicos fueron capaces de adaptar las moléculas de ADN, creando algunas que nunca antes habían sido vistos en la naturaleza.

Con estos avances, Arthur Kornberg fue el primero en *crear vida* en un tubo de ensayo. Él trabajaría en una forma viral de ADN, sería capaz de inducir la replicación de todos los virus: 5.300 en sus bases pares de ADN. Sin embargo, el producto no estaba vivo.

El misterio continuaría hasta 1967 cuando Martin Geller identificó el problema. Descubriría la ligasa, el pegamento que hace posible unir los finales de las moléculas de ADN.

De este modo, Kornberg pudo replicar la polimerasa del ADN viral, mediante la adición de ligasa. Ahora el ADN viral artificial se comportaba igual que el natural.

Durante los sesenta, se descubrió que muchas bacterias desarrollaban resistencia a un antibiótico no en el modo estándar sino en la importación de una pieza extraña del ADN, llamada plásmido, que son pequeñas curvas de ADN que viven dentro de las bacterias y son replicadas y transferidas, con el resto del genoma bacterial, durante la división celular.

Posteriormente, se pudo cortar moléculas de ADN utilizando enzimas restrictivas y aislar las secuencias (genes) en los que estuvieren interesados; entonces, utilizando ligasa, se logró pegar la secuencia en un plásmido; finalmente, se logró copiar la pieza de ADN mediante la inserción del mismo plásmido dentro de la célula bacteriana.

Los tres componentes - cortar, pegar y copiar - llegaron juntos en noviembre de 1972 con Herbert Boyer y Stanley Cohen quienes llevaron a cabo el sueño de la tecnología recombinante de ADN. En el laboratorio de Cohen, Annie Chang fue capaz de llevar la preciosa carga de los experimentos en progreso entre dos ciudades. El primer experimento intentado para elaborar híbridos, un recombinante de dos plásmidos diferentes, cada uno de los cuales se sabía conferiría resistencia a un antibiótico particular. En un plásmido había un gen, una extensión de ADN para la resistencia a la **tetraciclina**, y en el otro gen para la resistencia a la **kanamicina**. La meta era elaborar un súper plásmido que confiriese resistencia a ambos.

Primero, los dos tipos de plásmido inalterados fueron cortados con enzimas de restricción. Luego, se mezclaron los plásmidos en el mismo tubo de ensayo y se les agregó ligasa para provocar que los extremos cortados se unieran por sí mismos. Con esto, el siguiente paso fue transferir todos los plásmidos dentro de la bacteria mediante el empleo de las técnicas de Cohen para la importación de plásmidos. Las colonias generadas fueron cultivadas en platos cubiertos con tetraciclina y kanamicina. Los plásmidos que se habían vuelto a formar aún proporcionaban resistencia solo a uno de los antibióticos; las bacterias que llevaban tales plásmidos no sobrevivirían sobre el medio de doble antibiótico. Las únicas bacterias que sobrevivirían serían aquellas con los plásmidos recombinantes aquellas que se habían vuelto a ensamblar a ellas mismas de entre las dos clases de ADN presente, el que codificó la resistencia a la tetraciclina y el que codificó la resistencia de kanamicina.

El siguiente paso consistía en crear un híbrido plásmido utilizando ADN de una clase de organismo totalmente diferente.

De lo antes señalado, se advierte cómo el desarrollo incipiente de la biología con la pregunta que inquiría sobre la forma de transferencia de carácter de una especie a otra por medio de la herencia llegaría hasta el desarrollo de la tecnología para manipular el material biológico.

Los avances en Biología no pararían. En Inglaterra estaba por descubrirse, accidentalmente, la huella genética por Alec Jeffreys, quien realizando investigación en genes, encontraría que una pequeña pieza de ADN se repetía una y otra vez, fenómeno que en 1980 se había observado y que mostraba que dicha repetición variaba en número de un individuo a otro. Jeffreys encontraría que esa secuencia repetida de ADN existía no solo en el gen de **mioglobina** sino que estaba esparcido a lo largo de todo el genoma[9].

Con esta aportación se vislumbraba una nueva Era para la identificación forense y para pruebas de paternidad. Sellando con ello la relación entre la Biología y el Derecho. El descubrimiento de Jeffreys encontraría aplicación inmediata en el ámbito jurídico, particularmente, en la rama de lo civil, como sería el caso Sarbah en Inglaterra, que será abordado con mayor detalle en el apartado dedicado a la propuesta de del presente trabajo.

Es así que se pudo rastrear la huella genética a lo largo del genoma, para su manejo en el medio jurídico, con esto quedó inaugurada la Era

---

[9]   Jeffreys observó que las extensiones variaban e algún modo de una repetición a otra, todas compartían una extensión corta, virtualmente una secuencia idéntica de unos 15 nucleótidos. Jeffreys decidió aplicar esta secuencia como una sonda: utilizando una muestra purificada de la secuencia marcada con una molécula activa, pudo rastrear la secuencia del genoma completa. Con el ADN del genoma depositado en una sábana especial de nilón, la sonda se adheriría, mediante bases pares, donde fuese que encontrara su secuencia complementaria. Cuando colocó el nilón en una pieza de film de rayos X, Jeffreys pudo registrar la marca de puntos radioactivos. Cuando desarrolla el film del experimento, la sonda había detectado muchas secuencias similares a través de un amplio rango de muestras de ADN. Pero, sería con las imágenes del film de rayos X, lo que haría posible distinguir sin ambigüedad entre las personas, en *Op. cit.,* p. 263.

Biología y Derecho; lo que traería, con el advenimiento del Proyecto del Genoma Humano[10] y el Proyecto Diversidad del Genoma Humano[11], una serie de cuestiones que se creyó aparejaría dificultades de distinta índole. Al interior de este Proyecto se desarrollaron una serie de estudios denominados *Estudios éticos, legales y sociales* en los cuales se observan cuatro áreas de especial interés: la privacidad de datos genéticos y la justicia en el uso e interpretación de la información, la integración clínica de nuevas tecnologías genéticas, las cuestiones que rodean la investigación genética y la educación pública y privada[12].

Ejemplos de cómo se ha utilizado la huella genética desarrollada por Jeffreys son: en la rama criminal el Proyecto inocente, el cual provee asistencia gratuita a aquellas personas que han sido condenadas por hechos criminales, a fin de ayudarles a obtener sentencias absolutorias con la ayuda de pruebas de ADN. Este Proyecto opera en los Estados Unidos y ha auxiliado a más de 63 personas para que se les reconozca su inocencia y lo que es más a ser exonerados[13].

En el área de los seguros, se cuenta con el caso de los seguros de vida británicos. En aquel país las aseguradoras comenzaron a solicitar pruebas de distintas enfermedades, entre ellas la enfermedad de Huntington, Alzheimer, cáncer de pecho y cáncer de colon. Es así que quienes pretenden contratar un seguro deben practicarse a estos

---

[10]   Respecto al Proyecto del Genoma Humano, cabe señalar que encuentra sus bases en los años 70 y 80 con la demostración de que pequeños fragmentos de ADN podían ser secuenciados y ensamblados en genomas completos y mapas físicos clonados podían ser construidos, con ello se obtuvo la base para obtener la secuencia completa de ADN de organismos vivos. La idea de secuenciar el genoma humano se vislumbró de reuniones organizadas entre 1984 y 1986 por el Departamento de Energía de los Estados Unidos, en, *The genome of Homo Sapiens, Cold Spring Harbor Symposium on quantitative biology*, p. 1.

[11]   Este Proyecto es la propuesta de un esfuerzo de colaboración internacional para recolectar material genético de un gran número de indígenas del mundo y hacerlo disponible para estudios genéticos sistemáticos. El Proyecto fue propuesto en 1991 por Luigi Luca Cavalli-Sforza y sus colegas en una carta al diario *genomics*, en, Shelly Cunnings, *et. al., Current perspectives in genetics*, p. 125.

[12]   Cfr Campell, Malcom, Heyer, Laurie, *Genomics, proteomics and bioinformatics*, p. 95.

[13]   Cfr Denis, Carina y Gallagher, Richard, *The Human Genome*, p. 54.

exámenes, en caso de que los resultados sean negativos, los probables asegurados son sometidos a tablas actuariales basadas en una población completa.

En el aspecto civil, se ha asociado con la imputación de paternidad.

Sin embargo, cabe acotar que el uso de la tecnología genética, a pesar de poseer una utilidad para esclarecer la inocencia o no de un presunto criminal o la paternidad de un presunto padre, conlleva consigo, si no se tienen las medidas adecuadas, violaciones graves a la esfera de derechos de terceras personas como la que se crea con la discriminación[14] y la violación de la privacidad de aquellas personas que se someten a las pruebas de ADN, debido a la identificación de ADN a lo largo del genoma, tal como lo delinearía Jeffreys. Ello ha levantado la voz de alarma ante los posibles usos de la información obtenida en dichas pruebas, pues las mismas poseen la capacidad de revelar posibles predisposiciones a enfermedades de los individuos[15].

Ante este panorama de claroscuros se advierte una colisión de derechos en la toma de pruebas de ADN para determinar la paternidad de una persona. Y es que por un lado si los infantes poseen la prerrogativa de conocer su identidad genética y sus orígenes, en contra del derecho del presunto padre a la privacidad de sus datos genéticos, entonces ante estos dos derechos, se cierne en medio de ambos la prueba genética de ADN, pero ¿será en realidad la solución y justificará el detrimento a la privacidad ?.

---

[14] En lo tocante a la discriminación la humanidad cuenta con un pasado de eugenesia, que pasa por la Oficina de Registros Eugenésicos de los Estados Unidos, los primeros exámenes de IQ, en los Estados Unidos, de igual forma, que la eugenesia de los nazis, la esterilización de los mentalmente no aptos, visible en el capítulo de genes y política. Cfr. J. Watson, *A passion for DNA*, p. 183.

[15] Respecto a este tema de la revelación de enfermedades ahora es posible rastrear las mutaciones en los genes que son la causa directa de desórdenes de un solo gen o los que influyen significativamente en riesgos para enfermedades más complicadas en la edad madura o en la vejez. El Proyecto del Genoma Humano ha trasladado la genética del estudio de enfermedades raras de la niñez al entendimiento de virtualmente cada enfermedad, en Reilly, Philip, *Is it in your genes?*, p. 9.

Con el descubrimiento del genoma humano y el proceso de secuenciación del mismo en el proyecto que lleva su nombre, el desarrollo de pruebas de identificación genética y un panorama poco halagüeño con respecto al uso de la información obtenida a través de dichas pruebas. La legislación no podía mantenerse al margen de los hechos científicos. Por ello, resulta necesario observar el tratamiento que se ha dado en diversos documentos internacionales tanto al uso de las pruebas de ADN como a la privacidad de los datos obtenidos por medio de las mismas. En el siguiente apartado se abordará esta cuestión.

Dentro de este marco, se observa que el genoma humano es una realidad que alcanzó al mundo, no solo a las ciencias proclamadas como naturales sino a las sociales entre las que se encuadra el Derecho.

En ese sentido, una vez que se detalló el desarrollo que posibilitó el surgimiento de la ciencia biológica por medio de la genómica en nuestra vida, incluido el Derecho, toca analizar la reacción que se dio con respecto a este suceso, cuáles fueron los intentos por legislar en la materia entre los que se encuentran, en primer término, los mundiales y, en segundo lugar, los nacionales.

II

IMPACTO EN EL DERECHO

La manifestación por la preocupación del uso de la nueva tecnología recombinante y el empleo de los datos comienza con la investigación de los peligros de las nuevas tecnologías de ADN recombinante, publicándose en 1973 la *Carta Moratoria*, en la cual, Cohen, Boyer, Watson y otros científicos hacían un llamamiento a todos los científicos del mundo para suspender de forma voluntaria los estudios recombinantes hasta que los potenciales problemas de la tecnología recombinante se hubiesen evaluado mejor y los métodos adecuados fuesen desarrollados para prevenir posibles males.

Para 1975 los científicos se reunieron en el centro de conferencias de Asilomar, donde se discutió si la nueva tecnología recombinante ofrecía más daños que promesas de beneficios para la población. Desafortunadamente, no llegaría a tener gran impacto, dejando el estado de las declaraciones y recomendaciones internacionales en un vacío completo.

No sería hasta el año de 1996 que HUGO (Organización del Genoma Humano) emitiría:

A) DECLARACIÓN SOBRE LOS PRINCIPIOS DE ACTUACIÓN EN LA INVESTIGACIÓN GENÉTICA

En este documento se encuentran referencias sobre la preocupación del almacenamiento u otros usos de los materiales o información obtenidos o procedentes del genoma humano.

Se levanta la voz para respetar de forma puntual el derecho a la intimidad y la protección frente al acceso no autorizado a la misma. Se observan algunas medidas para la protección de la información, entre las que resultan relevantes de mención la elaboración y aplicación de normas a efecto de codificar la información. Finalmente, lo relativo a la cooperación de los países para el intercambio de información con el fin de compartir la misma y comparar los resultados.

Ya se comenzaba a integrar en este tipo de declaraciones la necesidad de protección de la intimidad, encontrando como medio idóneo para su protección la codificación.

Más adelante, se presentaría un documento importante en el ámbito mundial, se trata de la Declaración Universal del Genoma Humano y los Derechos Humanos de 1997.

B) DECLARACIÓN UNIVERSAL SOBRE EL GENOMA HUMANO Y LOS DERECHOS HUMANOS

En esta declaración aprobada por la UNESCO, se pueden realizar diversas observaciones, sobresaliendo por un lado el principio de dignidad, que se puede considerar como el eje central de la declaración[16]; también se puede resaltar la necesidad del debate público anterior a la expedición de cualquier documento normativo, la atadura entre genoma humano y los derechos humanos, las particularidades inmersas en la investigación y el peso específico con que cuenten los diversos instrumentos de carácter internacional que aludan al tema[17]; o, poner

---

[16]   Cfr. Javier Blázquez, *Derechos Humanos y Proyecto Genoma,* p. 51.
[17]   Cfr. Salvador Bergel y Nelly Minyeresky, *Bioética y Derecho*, p. 316.

principios rectores y resaltar que el genoma humano es patrimonio de la humanidad y la garantía del respeto al consentimiento informado[18]. Entre los puntos más trascendentales encontramos el artículo cuarto que establece que:

> el genoma humano en su estado natural no puede dar lugar
> a beneficios pecuniarios[19]

De este artículo, se advierte que el genoma humano, en su estado natural, no puede ser sujeto a transacción comercial de ningún tipo, lo cual pareciera que no aplica a los datos genéticos. Sin embargo, conforme con la lectura del artículo séptimo, relativo a la confidencialidad, esto no se puede realizar, puesto que se indica que se deberá proteger en las condiciones estipuladas por la ley la confidencialidad de datos genéticos asociados con una persona identificable, conservados o tratados con fines de investigación o cualquier otro objetivo. Precisamente en la parte que establece que se protegerá la confidencialidad de los datos genéticos tratados para cualquier propósito distinto a la investigación. Pero nada se dice de los procesos artificiales como las técnicas que desarrollaron Boyer y Cohen para cortar, pegar y copiar, y que señalamos previamente en la parte del desarrollo histórico que atravesó la biología.

Por otro lado, se establece en el artículo noveno la recomendación de limitar el principio de la confidencialidad. Si bien no se dice de forma expresa se entiende por ende el derecho a la intimidad, en virtud de la protección de los derechos humanos y las libertades fundamentales, autorizadas sólo por la legislación y qué se debería hacer cuando se adviertan razones imperiosas para ello.

Para dotar de mayor claridad a la Declaración Universal del Genoma Humano y los Derechos Humanos de 1997, se elaboró:

---

[18] Cfr. Marcia Muñoz, *Reflexiones en torno al derecho genómico*, p. 194.

[19] Alya Saada y Diego Valadés (comp.), *Panorama sobre la legislación en materia de genoma humano en América Latina y el Caribe*, p. 270.

C) INFORME EXPLICATIVO DE LA DECLARACIÓN UNIVERSAL SOBRE EL GENOMA HUMANO Y LOS DERECHOS HUMANOS, DE 11 DE NOVIEMBRE DE 1997

De la relación que consideramos de la Declaración Universal sobre el Genoma Humano y los Derechos Humanos, del artículo cuarto, que señala la inalienabilidad del genoma humano en estado natural, tiene su aclaración en el sentido de que el mero conocimiento de los genes humanos o de secuencias parciales de genes en su estado natural, no puede dar lugar a beneficios pecuniarios. Al respecto se indica que este principio responde a las preocupaciones internacionales y coincide con la misión de la UNESCO para la promoción del saber y de los conocimientos científicos.

Resulta importante hacer notar, como señala la propia Aclaración al artículo cuarto, que no se excluye que los resultados de las investigaciones genéticas puedan ser objeto de derechos de propiedad intelectual.

Con respecto a los derechos de las personas interesadas se indica, continuando con la explicación del artículo cuarto, que los principios de protección a las personas de las consecuencias de las investigaciones sobre el genoma humano se fundan en un conjunto de derechos, que se desprende de la Declaración Universal de Derechos Humanos.

Entre los derechos relacionados a la Declaración Universal del Genoma Humano y los Derechos Humanos, se señala que se debe de continuar con la protección de la vida privada y su carácter confidencial.

Sobre la aclaración del artículo séptimo, referente a la confidencialidad, se indica que la protección a la misma con respecto a datos genéticos, asociados con una persona identificable, se encuentra vinculada con el principio general del respeto de la vida privada, afirmado en la Declaración Universal de los Derechos Humanos y el artículo diecisiete del Pacto Internacional de Derechos Civiles y Políticos.

Se indica que la referida protección resulta indispensable toda vez que la información genética es de índole inédita, puesto que proporciona datos sobre la persona, su salud y sus predisposiciones, así como sobre sus colaterales y su descendencia.

Es así que resulta necesaria la protección de la confidencialidad debiéndose estipular por las condiciones referidas por la ley, en particular en lo que a relaciones entre individuos, compañías aseguradoras y empleadores se refiere.

De este modo se deja a los Estados la posibilidad de estipular la protección a la confidencialidad por exponer cuestiones íntimas de las personas por medio de sus datos genéticos.

Sin embargo, en el artículo noveno, sobre las limitaciones a la intimidad, conforme a la aclaración de ese numeral en el Informe Explicativo de la Declaración Universal sobre el Genoma Humano y los Derechos Humanos, se indican posibles limitaciones del tipo civil, penal y de respeto a los derechos humanos. Además, dichas limitaciones deben estipularse en la ley.

Entre las limitaciones, a la intimidad, las civiles consisten en la facultad del juez para solicitar una prueba genética en el marco de un procedimiento de investigación de la paternidad.

Las limitaciones a la intimidad, de carácter penal, envuelven el hecho de que se ordene que se haga un análisis de la huella genética a fin de identificar, por ejemplo, al autor de un asesinato o de una violación.

En lo tocante a las limitaciones a la intimidad provenientes del respeto al derecho internacional público y el derecho Internacional relativo a los derechos humanos, constituido por el conjunto de las declaraciones y convenciones internacionales y regionales aprobadas por los Estados. De la aclaración del mismo artículo noveno, se afirma que no se puede abrir paso a interpretaciones justificativas de actos que contravengan los textos internacionales y regionales aprobadas por los Estados que consagran los derechos humanos o la Constitución de la UNESCO.

De la aclaración del artículo noveno, podemos rescatar que cuando los jueces nacionales, al dictar una sentencia, deben tener en mente, el respeto a los derechos humanos, junto con todas las declaraciones y convenciones internacionales, y que la legislación nacional puede permitir limitaciones en los ámbitos civil y penal. Para la prueba genética de paternidad, teniendo en cuenta que puede tratarse de una limitación al derecho a la intimidad, lo cual tendremos presente a lo largo del desarrollo de este trabajo.

En sintonía con las Declaración Universal del Genoma Humano y los Derechos Humanos y su Aclaración, se tiene otro documento relevante. Se trata de:

D) DECLARACIÓN INTERNACIONAL SOBRE LOS DATOS GENÉTICOS HUMANOS

Entre los objetivos se observan, conforme al artículo primero, el velar por el respeto a la dignidad humana y la protección a los derechos humanos y las libertades fundamentales en la recolección, el tratamiento, la utilización y la conservación de los datos genéticos humanos, los datos proteómicos y las muestras biológicas de las que esos datos provengan que en la Declaración se entenderán como muestras biológicas.

Se indica, en el mismo artículo primero que se deben de tener en cuenta la igualdad, la justicia y solidaridad a fin de establecer los principios por los que deberían guiarse los Estados para elaborar sus legislaciones y políticas.

Se establece, dentro del mismo artículo primero, inciso b), que la recolección, tratamiento, utilización y conservación de datos genéticos debe ser compatible con el derecho internacional relativo a los derechos Humanos. En este punto, encuentra su referencia el artículo noveno, de la Declaración Universal sobre el Genoma Humano y los Derechos Humanos, de 11 de noviembre de 1997, y su respectiva aclaración, en el sentido de dejar bien claro el estricto respeto a las convenciones y declaraciones relativas a los derechos humanos.

De igual modo, que en la aclaración al artículo noveno de la Declaración Universal del Genoma Humano y los Derechos Humanos, sobre la restricción de abrir a interpretaciones que contravengan los textos internacionales sobre derechos humanos o la Constitución de la UNESCO, se fija la obligación de las legislaciones nacionales para el respeto a los derechos humanos cuando se trate de la investigación, descubrimiento y enjuiciamiento de delitos penales o de pruebas de filiación de parentesco. Lo anterior es así porque en el propio inciso c), del artículo primero, se excluyen las disposiciones de la Declaración Internacional sobre los Datos Genéticos Humanos, tratándose de las materias vinculadas al derecho internacional de los derechos humanos que son las que mencionamos hace un momento. Sin embargo, sí se aplica la Declaración de Datos Genéticos en lo relativo a la recolección, tratamiento, utilización y conservación de datos genéticos, proteómicos y muestras biológicas.

El artículo segundo, por su parte, en el punto i), refiere lo que se debe entender por datos genéticos humanos, en ese tenor se dice que es la información sobre las características hereditarias de las personas, obtenida por análisis de ácido nucléico u otros análisis científicos.

En el punto vii), del citado artículo segundo, se dice que por procedimiento invasivo se entiende el método de obtención de muestras biológicas que implica intrusión en el cuerpo humano, por ejemplo la extracción de una muestra de sangre con aguja y jeringa.

En cuanto a procedimientos no invasivos se refiere, el inciso viii), del artículo segundo, indica que son los métodos de obtención de muestras biológicas que no implica intrusión en el cuerpo humano, por ejemplo los frotis bucales.

Por datos asociados con una persona identificable, de acuerdo con el inciso ix), del propio artículo varias veces citado, se entienden los datos que contienen información como el nombre, la fecha de nacimiento y la dirección, gracias a la cual es posible identificar a la persona a la que se refieren.

En lo referente a los datos disociados de una persona identificable, el inciso x), del artículo segundo, señala que se trata de datos no asociados con una persona identificable por haberse sustituido o desligado toda la información que identifica a esa persona utilizando un código.

El inciso xi), del artículo segundo, señala que por datos irreversiblemente disociados de una persona identificable se entienden aquellos datos que no pueden asociarse con una persona identificable por haberse destruido el nexo con toda información que identifique a quien suministró la muestra.

La prueba genética, inciso xii), se entiende como el procedimiento destinado a detectar la presencia ausencia o modificación de un gen o cromosoma en particular, lo cual incluye las pruebas indirectas para detectar un producto génico u otro metabolito específico que sea indicativo ante todo de un cambio genético determinado.

Más adelante, en el artículo cuarto, se señalan las cuestiones relativas a la singularidad de los datos genéticos humanos. Entendiéndose por tal el que: a) pueden indicar predisposiciones genéticas de los individuos; b) pueden tener para la familia, comprendida la descendencia, y a veces para todo el grupo al que pertenezca la persona en cuestión, consecuencias importantes que se perpetúen durante generaciones; c) pueden contener información cuya relevancia no se conozca necesariamente en el momento de extraer las muestras biológicas; d) pueden ser importantes desde el punto de vista cultural para las personas o los grupos.

En el artículo quinto, se señalan las finalidades. En ese sentido, se indica que los datos genéticos humanos y los datos proteómicos humanos podrán ser recolectados, tratados, utilizados y conservados, entre otras, la que más nos importa, aquella indicada en el inciso iii), referente a la medicina forense y procedimientos civiles o penales u otras actuaciones legales, teniendo en cuenta las disposiciones del párrafo c) del artículo primero.

Tratándose de recolección de muestras biológicas con fines de medicina forense o como parte de procedimientos civiles, penales u otras actuaciones legales, comprendidas las pruebas de determinación de parentesco, indica el artículo décimo segundo, la extracción de muestras biológicas *in vivo* o *post mortem*, sólo debería efectuarse conforme al derecho interno, compatible con el derecho internacional de los derechos humanos.

El siguiente artículo, el décimo tercero, relativo al acceso, refiere que nadie debería verse privado de acceder a sus propios datos genéticos o datos proteómicos, a menos que estén irreversiblemente disociados de la persona como fuente identificable por ellos o que el derecho interno imponga límites a dicho acceso por razones de salud, orden público o de seguridad nacional.

La privacidad y confidencialidad, conforme al artículo décimo catorce, inciso a), indica que los Estados deberían esforzarse por proteger la privacidad de las personas y la confidencialidad de los datos genéticos humanos asociados con una persona, una familia, o en su caso, un grupo identificable conforme al derecho interno compatible con el derecho internacional sobre derechos humanos.

Conforme al inciso b), del artículo en cita, indica que las datos genéticos humanos, los datos proteómicos humanos y muestras biológicas asociadas con una persona identificable no deberían ser dados a conocer ni puestos a disposición de terceros, en particular de empleadores, compañías de seguros, establecimientos de enseñanza y familiares de la persona en cuestión, salvo por una razón importante de interés público en los restringidos casos del derecho interno compatible con el derecho internacional relativo a los derechos humanos o cuando se haya obtenido el consentimiento previo, libre, informado y expreso de esa persona, siempre que éste sea conforme al derecho interno y al derecho internacional relativo a los derechos humanos. Debería protegerse la privacidad de toda persona que participe en un estudio en que se utilicen datos genéticos humanos, datos proteómicos humanos o muestras biológicas, y esos datos deberían revestir carácter confidencial.

Por su parte, el inciso c), del mismo numeral, indica que los datos genéticos no deberían estar asociados con una persona identificable.

Añade dicho numeral, que aún cuando los datos estén disociados de la identidad de la persona, deberían adoptarse las precauciones necesarias para garantizar la seguridad de esos datos o esas muestras biológicas.

De este modo ha quedado ligado, por medio de la historia del ADN, la forma en que el genoma contribuyó al desarrollo de la tecnología para lo que posteriormente serviría para identificar criminales y establecer pruebas de paternidad. De igual modo, hemos dejado asentados, en términos generales, algunos documentos de carácter internacional que señalan la prohibición de difundir los datos genéticos y el garantizar la confidencialidad de los mismos, salvo las limitaciones en lo tocante a los ámbitos penal, civil y del estricto respeto a los derechos humanos.

De las limitaciones antes referidas, nos ocuparemos de aquella relativa al ámbito civil, sobre la prueba de paternidad, cómo ha sido tratada en México y qué problemática entraña, pero antes resulta relevante revisar algunas cuestiones sobre el valor y la fuerza jurídica que tienen dichos documentos al interior del sistema jurídico mexicano, ya que dependiendo de ello, obtendremos el grado de obligatoriedad que para el caso de las pruebas de ADN para la imputación de paternidad tengan las mismas en nuestro derecho.

2.0.- LEGISLACIÓN MEXICANA

Una vez que se ha observado la legislación internacional y se ha dejado constancia de la forma en que se recomienda abordar las pruebas genéticas en ADN y su privacidad al interior de las legislaciones nacionales, se debe observar el valor y la fuerza jurídica que tienen los documentos en cuestión al interior de nuestro país.

Dentro del ámbito internacional existen los instrumentos convencionales dentro de los cuales se engloban aquellos relativos a los tratados, pactos, protocolos y convenios internacionales generales y específicos, tanto universales como regionales, así como a los instrumentos no convencionales que vendrían a ser aquellas relativas a las declaraciones, las reglas, los conjuntos de principios, las resoluciones, observaciones generales (jurisprudencia internacional), y decisiones de vigilancia creados en virtud de tratados y las de los mecanismos temáticos como son los relatores o grupos de trabajo[20].

En este sentido, también existen como fuentes adicionales la costumbre y los principios generales del derecho y complementarias, que derivan en mayor o menor medida en obligaciones para los Estados[21].

No obstante lo anterior, los tratados, pactos, protocolos o convenciones son los instrumentos jurídicos de carácter internacional en los que, preponderantemente, se han plasmado los derechos humanos en el ámbito internacional, así como los deberes que los Estados adquieren con respecto a su tutela en dicho plano[22].

En México, el camino que recorre un tratado a partir de su celebración o firma se integra por las etapas de aprobación, ratificación y promulgación. Los tratados celebrados forman parte del orden jurídico interno cuando, habiendo sido aprobados por el órgano legislativo - lo cual es facultad exclusiva de la Cámara de Senadores-, y habiendo procedido el Poder Ejecutivo a su ratificación internacional, son

---

[20]   Cfr. Carmona, Jorge, *Algunos aspectos de la incorporación del derecho internacional de los derechos humanos en las constituciones locales,* p.6 en: *http://www.cddiputados.gob.mx/POLEMEX/DGCS/SDP/0008/0807/bols_pdf/ Ponencia-Carmona.pdf.* Consultada el 6/enero/2009.

[21]   Ibidem, p. 7.

[22]   Idem.

finalmente promulgados a través de su publicación en el *Diario Oficial de la Federación*[23].

Al respecto cabe agregar que lo anterior se encuentra consignado en el Artículo 133 constitucional y en el Artículo 4 de la *Ley sobre la celebración de tratados*.

En el Artículo 133 constitucional se señala que esta Constitución, las leyes del Congreso de la Unión que emanen de ella y todos los tratados que estén de acuerdo con la misma, celebrados y que se celebren por el Presidente de la República, con aprobación del Senado, serán la Ley Suprema de toda la Unión[24].

En tanto el Artículo 4 de la *Ley sobre la celebración de tratados* indica que los tratados que se sometan al Senado para los efectos de la fracción I del Artículo 76 de la Constitución, se turnarán a Comisión en los términos de la *Ley Orgánica del Congreso General de los Estados Unidos Mexicanos*, para la formulación del dictamen que corresponda. En su oportunidad, la resolución del Senado se comunicará al Presidente de la República. También, en ese mismo numeral, se indica que los tratados, para ser obligatorios en el territorio nacional deberán haber sido publicados previamente en el *Diario Oficial de la Federación*.

Esta tendencia revela que en nuestro país prevalece la teoría monista nacionalista, conforme a la cual en la hipótesis de que se presentare un conflicto entre una norma internacional y una norma con carácter interno, prevalece la segunda. Según esta teoría no existe una autoridad supraestatal capaz de coaccionar al Estado infractor de la norma internacional para constreñirlo a que cumpla al contraer el compromiso y cuando se abstiene de cumplir la obligación, solamente recobra sus prerrogativas soberanas y de dejar de autolimitarse[25].

Postura que se refuerza con la interpretación que el Poder Judicial Federal ha dado con respecto al Artículo 133 constitucional, que tiene al aclarar el sentido que se debe de dar a un determinado artículo adquiere fuerza obligatoria hasta en tanto no se emita un criterio distinto

---

23   Idem.
24   Cfr. Tena, Felipe, *Derecho Constitucional Mexicano*, p. 506.
25   Cfr. Arellano, Carlos, *Primer Curso de Derechos Internacional Público*, p. 89.

o sea derogado el artículo que contiene la ambigüedad que se trata de dilucidar.

Lo que se encuentra en total armonía con el contenido del Artículo 94 constitucional ya que en el mismo se señala que la ley fijará los términos en que sea obligatoria la jurisprudencia que establezcan los tribunales del Poder Judicial de la Federación sobre interpretación de la Constitución, leyes, reglamentos federales o locales y tratados internacionales celebrados por el Estado Mexicano, así como los requisitos para su interrupción y modificación[26].

La ley a la que se refiere el Artículo 94 constitucional es la de Amparo donde se reglamenta la jurisprudencia del Artículo 192 al 197-J.

La *Constitución Política de los Estados Unidos Mexicanos* establece en el párrafo octavo de su artículo 94, la obligatoriedad de la jurisprudencia de los tribunales del Poder Judicial de la Federación y remite a la ley la determinación de los términos de dicha obligatoriedad, lo que se regula en el capítulo único, del título cuarto, del libro primero, artículos 192 a 197-B. En el referido Artículo 192 se establece la obligatoriedad de las jurisprudencias para todos los órganos jurisdiccionales de la República conforme al orden lógico descendente que se da entre el Pleno y las Salas de la Suprema Corte, los Tribunales Colegiados de Circuito, facultados para establecerla y los restantes órganos que imparten justicia.

De acuerdo con ello, es indiscutible que los Jueces de Distrito tienen el deber de cumplir con las jurisprudencias sustentadas por los órganos mencionados; y si no lo hacen, incurren en responsabilidad cuando, lógicamente, existen elementos suficientes para tener por demostrado que tuvieron conocimiento de ellas.

Al respecto, es indispensable, por una parte, que los órganos que establecen jurisprudencia cumplan celosamente con lo dispuesto por el artículo 195 del ordenamiento citado en cuanto a la aprobación del texto y rubro de las tesis jurisprudenciales, así como de su remisión a la dirección responsable de la publicación del Semanario Judicial

---

[26] Cfr. Zertuche, Héctor, *La jurisprudencia en el sistema jurídico Mexicano*, p.9.

de la Federación y su Gaceta, y a los órganos jurisdiccionales que no intervinieron en su integración.

Además, deberá hacerse la publicación oportuna de ese órgano informativo, y las partes en los juicios de amparo deberán invocar específicamente las jurisprudencias que consideren aplicables. Lo anterior debe complementarse por todos los miembros de los órganos obligados a cumplir con la jurisprudencia. Por un lado, con el especial cuidado en el análisis de los documentos aportados por las partes para determinar si pretenden que se aplique al caso alguna tesis jurisprudencial y, por otro, estableciendo con sus colaboradores profesionales un sistema riguroso de consulta, análisis y seguimiento del *Semanario Judicial de la Federación y su Gaceta*, así como de los oficios que al efecto se les remitan, a fin de estar oportunamente informados de las tesis jurisprudenciales del Poder Judicial de la Federación que deban cumplir"[27].

Una vez aclarado el valor de la jurisprudencia dentro del ordenamiento jurídico mexicano, continuaremos con la cuestión relativa al Artículo 133 constitucional. Como del mismo numeral constitucional no se desprende una clara dilucidación de la cuestión, el Poder Judicial de la Federación ha emitido algunas jurisprudencias y tesis aisladas a fin de determinar el lugar jerárquico de los tratados internacionales. En el año 1999, el Pleno de la Suprema Corte de Justicia de la Nación, emitió el criterio de que los tratados internacionales se ubican jerárquicamente por encima de las leyes federales y en un segundo plano respecto de la constitución federal, conforme a lo siguiente:

> "Persistentemente en la doctrina se ha formulado la interrogante respecto a la jerarquía de normas en nuestro derecho. Existe unanimidad respecto de que la Constitución Federal es la norma fundamental y que aunque en principio la expresión " . . . serán la Ley Suprema de toda la Unión . . . " parece indicar que no sólo la Carta Magna es la suprema, la objeción es superada por el hecho de que las leyes deben emanar de la Constitución y ser aprobadas

---

27   Cfr. Alberto Ariel Caballero, *Las Garantías Individuales en México*, p. 35.

por un órgano constituido, como lo es el Congreso de la
Unión y de que los tratados deben estar de acuerdo con
la Ley Fundamental, lo que claramente indica que sólo la
Constitución es la Ley Suprema. El problema respecto a la
jerarquía de las demás normas del sistema, ha encontrado en
la jurisprudencia y en la doctrina distintas soluciones, entre
las que destacan: supremacía del derecho federal frente al
local y misma jerarquía de los dos, en sus variantes lisa y
llana, y con la existencia de "leyes constitucionales", y la de
que será ley suprema la que sea calificada de constitucional.

No obstante, esta Suprema Corte de Justicia considera que
los tratados internacionales se encuentran en un segundo
plano inmediatamente debajo de la Ley Fundamental y por
encima del derecho federal y el local. Esta interpretación del
artículo 133 constitucional, deriva de que estos compromisos
internacionales son asumidos por el Estado mexicano en
su conjunto y comprometen a todas sus autoridades frente
a la comunidad internacional; por ello se explica que el
Constituyente haya facultado al presidente de la República
a suscribir los tratados internacionales en su calidad de jefe
de Estado y, de la misma manera, el Senado interviene como
representante de la voluntad de las entidades federativas
y, por medio de su ratificación, obliga a sus autoridades.
Otro aspecto importante para considerar esta jerarquía de
los tratados, es la relativa a que en esta materia no existe
limitación competencial entre la Federación y las entidades
federativas, esto es, no se toma en cuenta la competencia
federal o local del contenido del tratado, sino que por
mandato expreso del propio artículo 133 el presidente de la
República y el Senado pueden obligar al Estado mexicano
en cualquier materia, independientemente de que para otros
efectos ésta sea competencia de las entidades federativas.
Como consecuencia de lo anterior, la interpretación del
artículo 133 lleva a considerar en un tercer lugar al derecho
federal y al local en una misma jerarquía en virtud de lo
dispuesto en el artículo 124 de la Ley Fundamental, el cual

ordena que "Las facultades que no están expresamente concedidas por esta Constitución a los funcionarios federales, se entienden reservadas a los Estados.". No se pierde de vista que en su anterior conformación, este Máximo Tribunal había adoptado una posición diversa en la tesis P. C/92, publicada en la Gaceta del Semanario Judicial de la Federación, Número 60, correspondiente a diciembre de 1992, página 27, de rubro: "LEYES FEDERALES Y TRATADOS INTERNACIONALES. TIENEN LA MISMA JERARQUÍA NORMATIVA."; sin embargo, este Tribunal Pleno considera oportuno abandonar tal criterio y asumir el que considera la jerarquía superior de los tratados incluso frente al derecho federal"[28].

Este criterio que confirmaría el propio Pleno en una nueva tesis aislada en el año 2008, bajo el rubro Tratados Internacionales, donde se asegura que son parte integrante de la Ley Suprema de la Unión y se ubican jerárquicamente por encima de las leyes generales, federales y locales, en la cual, siguiendo la línea de la tesis aislada del año 1999, se sostiene:

"Conforme al artículo 92 de la Constitución Política de los Estados Unidos Mexicanos, los reglamentos, decretos, acuerdos y órdenes del Presidente de la República deberán firmarse por "el Secretario de Estado a que el asunto corresponda"; por tanto, como los tratados internacionales y sus modificaciones, así como las convenciones diplomáticas son celebrados por el propio Ejecutivo Federal y una vez aprobados por el Senado son Ley Suprema de la Unión en términos del artículo 133 constitucional, es evidente que el decreto que ordena su publicación debe firmarlo el Secretario de Relaciones Exteriores, al que corresponde el asunto, acorde con los artículos 28, fracción XII, de la Ley

---

[28]   Tesis: P. LXXVII/99, *Semanario Judicial de la Federación y su Gaceta,* Novena Época, t.X, noviembre de 1999, p. 46.

Orgánica de la Administración Pública Federal y 7, fracción IX, del Reglamento Interior de la Secretaría de Relaciones Exteriores, siendo innecesario el refrendo del Secretario de Gobernación, ya que este requisito corresponde al acto de promulgación de las leyes y decretos expedidos por el Congreso de la Unión"[29].

Otro de los artículos constitucionales involucrados para que el Tratado Internacional tenga obligatoriedad dentro del país es el 92, que indica que debe reunir el requisito del refrendo, que en su caso, debe ser el Secretario de Relaciones Exteriores, bajo el rubro tratados internacionales. Para su validez es innecesario el refrendo del Secretario de Gobernación.

Conforme a los requisitos que se exigen en el derecho mexicano, una vez que se cumplan los mismos, se puede decir que el tratado internacional es vigente y tienen fuerza obligatoria, pero no sólo los tratados adquieren fuerza obligatoria. Con independencia del nombre que tenga el instrumento internacional, si se cumplen los directrices delineadas, esto resulta así en virtud de la tesis jurisprudencial emitida por la Segunda Sala de la Suprema Corte de Justicia de la Nación, y que se reproduce a continuación:

> "Aun cuando generalmente los compromisos internacionales se pactan a través de instrumentos en la modalidad de tratados, debe tomarse en cuenta que conforme al artículo 2, apartado 1, inciso a), de la Convención de Viena sobre el Derecho de los Tratados, de la que es parte el Estado mexicano, por "tratado" se entiende el acuerdo celebrado por escrito entre uno o varios Estados y una o varias organizaciones internacionales, o entre organizaciones internacionales, ya conste ese acuerdo en un instrumento único o en varios conexos, cualquiera que sea su denominación particular, de lo que resulta que la noción de

---

[29]   Tesis: P.XIX/2008, *Semanario Judicial de la Federación y su Gaceta,* Novena Época, t. XXVII, febrero de 2008, p. 23.

tratado es puramente formal siempre que su contenido sea acorde con su objeto y finalidad, pues desde el punto de vista de su carácter obligatorio los compromisos internacionales pueden denominarse tratados, convenciones, declaraciones, acuerdos, protocolos o cambio de notas, además de que no hay consenso para fijar las reglas generales a que deben sujetarse las diferentes formas que revisten tales compromisos internacionales, los que, en consecuencia, pueden consignarse en diversas modalidades. Situación que se sustenta, además, en el artículo 2o., fracción I, párrafo primero, de la Ley sobre la Celebración de Tratados, publicada en el Diario Oficial de la Federación el dos de enero de mil novecientos noventa y dos"[30].

Por ello, si las Declaraciones que señalamos en el capítulo precedente no han reunido los requerimientos que exige el derecho mexicano para tener fuerza y vigencia en el territorio, entonces se puede colegir que no son exigibles. De allí que las referidas Declaraciones puedan ser calificadas como derecho flexible; además, el valor que tendrían en nuestro derecho sería, como indica Luis Díaz Müller una obligación moral, no poseería valor vinculante. Es necesariamente un documento hacia el futuro; lo que es más, los Estados partes no pueden ser obligados a poner en práctica los contenidos de este tipo de texto[31].

Ello es así, debido a que en el sistema jurídico mexicano, a pesar de opiniones tan respetables y bien documentadas como la de Salvador Darío Bergel, quien sostiene que las Declaraciones y en especial la del Genoma Humano deberían ser utilizadas por los jueces, ya que puede ser invocada como fuente de derechos y obligaciones en los países signatarios[32]; sin embargo, en México no ocurre esto.

---

[30] Tesis: 2ª/J.10/2007, *Semanario Judicial de la Federación y su Gaceta,* Novena Época, t. XXV, febrero de 2007, p. 738.

[31] Cfr. Luis Díaz Müller, *Genética y derechos humanos: descorriendo el velo,* en Brena Sesma, Ingrid (coord.), *Panorama Internacional en salud y derecho. Culturas y sistemas jurídicos comparados,* p. 363.

[32] Cfr. Salvador Bergel y Nelly Minyeresky, *op. Cit.,* p. 346.

El propio autor de mérito afirma que la Declaración de la UNESCO tiene contenido jurídico, siguiendo las enseñanzas de Gros Espiel para las declaraciones proclamadas por el órgano máximo de una organización intergubernamental, que posean ciertos elementos y hayan sido adoptadas por la práctica internacional y la jurisprudencia producen efectos jurídicos siendo una fuente importante de derechos y obligaciones. Esto, sin perjuicio de que para perfeccionar su implementación y eficacia, sea necesario la elaboración de una convención.

En la misma línea de análisis de los tratados o de los instrumentos internacionales, en general, que cumplan con los requisitos del derechos interno mexicano, estos están sujetos a la interpretación de la Suprema Corte de Justicia de la Nación, conforme al contenido del Artículo 94 de la *Constitución Política de los Estados Unidos Mexicanos*, además, de la tesis aislada emitida por la Segunda Sala del Alto Tribunal de nuestro país, bajo el rubro Tratados Internacionales. Su interpretación por esta Suprema Corte de Justicia de la Nación al tenor de lo establecido en los artículos 31 y 32 de la Convención de Viena sobre el derecho de los Tratados (*Diario Oficial de la Federación* del 14 de febrero de 1975), y que a continuación se transcribe:

"Conforme a lo dispuesto en los citados preceptos para desentrañar el alcance de lo establecido en un instrumento internacional debe acudirse a reglas precisas que en tanto no se apartan de lo dispuesto en el artículo 14, párrafo cuarto, de la Constitución General de la República vinculan a la Suprema Corte de Justicia de la Nación. En efecto, al tenor de lo previsto en el artículo 31 de la mencionada Convención, para interpretar los actos jurídicos de la referida naturaleza como regla general debe, en principio, acudirse al sentido literal de las palabras utilizadas por las partes contratantes al redactar el respectivo documento final debiendo, en todo caso, adoptar la conclusión que sea lógica con el contexto propio del tratado y acorde con el objeto o fin que se tuvo con su celebración; es decir, debe acudirse a los métodos de interpretación literal, sistemática y teleológica. A su vez, en cuanto al contexto que debe tomarse en cuenta para realizar la interpretación sistemática, la Convención señala que aquél se integra por: a) el texto del instrumento respectivo, así como su preámbulo y anexos; y, b) todo acuerdo que se refiera al tratado y haya sido concertado entre las partes con motivo de su celebración o todo instrumento formulado por una o más partes con motivo de la celebración del tratado y aceptado por las demás como instrumento referente al tratado; y, como otros elementos hermenéuticos que deben considerarse al aplicar los referidos métodos destaca: a) todo acuerdo ulterior entre las partes acerca de la interpretación del tratado o de la aplicación de sus disposiciones; b) toda práctica ulteriormente seguida en la aplicación del tratado por la cual conste el acuerdo de las partes acerca de su interpretación; y, c) toda norma pertinente de derecho internacional aplicable en las relaciones entre las partes; siendo conveniente precisar que en términos de lo dispuesto en el artículo 32 de la Convención de Viena sobre el Derecho de los Tratados para realizar la interpretación teleológica y conocer los fines que se tuvieron con la celebración de un instrumento internacional no debe acudirse, en principio, a los trabajos preparatorios de éste ni a las circunstancias que rodearon su celebración, pues de éstos el intérprete únicamente puede valerse para confirmar el resultado al que se haya arribado con base en los elementos antes narrados o bien cuando la conclusión derivada de la aplicación de éstos sea ambigua, oscura o manifiestamente absurda"[33].

Con ello, no sólo el tratado está sujeto a interpretación, sino que se observa que existe una prelación de métodos interpretativos a seguir para desentrañar su significado, por lo que además de que los instrumentos internacionales deben de reunir los requisitos delineados en el derecho interno, están sujetos a interpretación por parte de la Suprema Corte de Justicia de la Nación.

---

[33]   Tesis 2ª CLXXI/2002, *Semanario Judicial de la Federación y su Gaceta,* Novena Época, t. XVI, diciembre de 2002, p. 292.

Una vez que se ha dejado constancia de la jerarquía que tienen las declaraciones internacionales que regulan las particularidades referidas a las pruebas de genética y privacidad, en el Derecho Mexicano, es de observarse que a pesar de que las mismas carecen de fuerza vinculante y de vigencia en territorio mexicano, el Estado Mexicano ha firmado la Convención sobre los derechos del niño que ha cumplido con los requisitos que marca el derecho interno mexicano y que indicamos previamente, y que además se enmarca en lo establecido por el artículo segundo constitucional que señala el derecho de niños y niñas a la satisfacción de sus necesidades de alimentación, salud, educación y sano esparcimiento para su desarrollo integral, lo cual se circunscribe a la satisfacción de su interés superior pues en razón de este, los niños tienen el derecho de conocer a sus padres para imputarles la paternidad, por medio de las pruebas de ADN, y así conseguir que se obligue a estos a la cobertura de los alimentos.

2.1.- CONVENCIÓN SOBRE LOS DERECHOS DEL NIÑO

La presente convención tiene como Depositario a la Organización de las Naciones Unidas, su lugar de ratificación fue la Ciudad de Nueva York y su adopción ocurrió el 20 de noviembre de 1989.

La vinculación de México se dio el 21 de septiembre de 1990 mediante la ratificación, mientras que la aprobación del Senado fue el 19 de junio de 1990, publicándose en el *Diario Oficial de la Federación* el 31 de julio de 1990, entrando en vigor el 2 de septiembre de 1990. La publicación del decreto de promulgación en el *Diario Oficial de la Federación* fue el 25 de enero de 1991.

De la Convención podemos rescatar el contenido de los artículos 3°, 6°, 7° y 8°.

Dichos artículos señalan que:

"Artículo 3

1.- En todas las medidas concernientes a los niños que tomen las instituciones públicas o privadas de bienestar

37

social, los tribunales, las autoridades administrativas o los órganos legislativos, una consideración primordial a que se atenderá será el interés superior del niño.

2.- Los Estados Partes se comprometen a asegurar al niño la protección y el cuidado que sean necesarios para su bienestar, teniendo en cuenta los derechos y deberes de sus padres, tutores u otras personas responsables de él ante la ley y, con ese fin, tomarán todas las medidas legislativas y administrativas adecuadas.

3.- Los Estados Partes se asegurarán de que las instituciones, servicios y establecimientos encargados del cuidado o la protección de los niños, cumplan las normas establecidas por las autoridades, competentes, especialmente en materia de seguridad, sanidad, número y competencia de su personal, así como en relación con la existencia de una supervisión adecuada.

(. . .)

Artículo 6

1.- Los Estados Partes reconocen que todo niño tiene el derecho intrínseco a la vida.

2.- Los Estados Partes garantizarán en la máxima medida posible la supervivencia y el desarrollo del niño.

Artículo 7

1.- El niño será inscrito inmediatamente después de su nacimiento y tendrá derecho desde que nace a nombre, a adquirir una nacionalidad y, en la medida de los posible, a conocer a sus padres y a ser cuidado por ellos.

2.- Los Estados Partes velarán por la aplicación de estos derechos de conformidad con su legislación nacional y las obligaciones que hayan contraído en virtud de los instrumentos internacionales pertinentes en esta esfera, sobre todo cuando el niño resultara de otro modo apátrida.

Artículo 8

1.- Los Estados Partes se comprometen a respetar el derecho del niño a preservar su identidad, incluidos la nacionalidad, el nombre y las relaciones familiares de conformidad con la ley sin injerencias ilícitas.

2.- Cuando un niño sea privado ilegalmente de alguno de los elementos de su identidad o de todos ellos, los Estados Partes deberán prestar la asistencia y protección apropiadas con miras a restablecer rápidamente su identidad"[34].

Conforme a estas disposiciones, se observa que el niño tiene derecho, entre otras prerrogativas, en virtud del interés superior que le ampara, a poder contar con la protección y cuidado de sus padres; a su desarrollo y supervivencia; a conocer a sus padres y a preservar las relaciones familiares.

Como consecuencia de esta Convención sobre los derechos de los niños, en nuestro país se emitieron la *Ley para la protección de los derechos de niñas, niños y adolescentes*, a nivel federal, y por ser la entidad federativa en la que residimos, referiremos la *Ley de los Derechos de las niñas y niños en el Distrito Federal* y de forma especial aludiremos a la Constitución del Estado de Sinaloa. Ordenamientos secundarios que citamos como ejemplo debido a que recogen el interés superior del menor y el derecho a conocer su origen, cuestión ligada a nuestro tema ya que en virtud del mismo, los menores poseen la prerrogativa a solicitar en juicio la prueba de ADN para conocer dicho origen.

---

[34]   Pedroza de la Llave, Susana Thalia y García Huante, Omar (comp.), *Compilación e instrumentos internacionales de derechos humanos, firmadas y ratificadas por México 1921-2003*, p. 681-683.

2.2.- LEY PARA LA PROTECCIÓN DE LOS DERECHOS DE NIÑAS, NIÑOS Y ADOLESCENTES

Entre otras cuestiones consagra, en el artículo tercero, que la protección de los derechos de niñas, niños y adolescentes tiene como objetivo asegurarles un desarrollo pleno e integral, lo que implica la oportunidad de formarse física, mental, emocional, social y moralmente en condiciones de igualdad.

En ese mismo numeral se indica que es un principio rector de la protección de los derechos de niñas, niños y adolescentes, de acuerdo con el inciso A, el interés superior de la infancia.

Por otro lado, entre las obligaciones que se imponen tanto a madres y padres como demás personas encargadas del cuidado de niñas, niños y adolescentes, se advierte en el contenido del inciso B, del artículo 11, el protegerlos contra toda forma de maltrato, perjuicio, daño, agresión, abuso, trata y explotación. Lo anterior implica que la facultad que tienen quienes ejercen la patria potestad o la custodia de niñas, niños y adolescentes no podrán al ejercerla atentar contra su integridad física o mental ni actuar en menoscabo de su desarrollo.

En lo concerniente al derecho a la identidad, se establece, en el artículo 22, que el mismo está compuesto, de acuerdo con el inciso C, a conocer su filiación y su origen, salvo en los casos que las leyes lo prohíban.

2.3.- LEY DE LOS DERECHOS DE LAS NIÑAS Y NIÑOS EN EL DISTRITO FEDERAL

Si bien los instrumentos jurídicos señalados con anterioridad hacen referencia a que los infantes poseen el derecho de conocer a sus padres, la *Ley de los Derechos de las niñas y niños en el Distrito Federal*, en su artículo 5º, apartado B, establece que de manera enunciativa, más no limitativa, las niñas y niños en el Distrito Federal tienen los siguientes derechos: B) a la identidad, certeza jurídica y familia, dentro de este rubro:

I.- A la identidad, tomando como base el conjunto de atributos y derechos de la personalidad conforme a lo previsto en la legislación civil;

II.- A ser registrados después de su nacimiento, con un nombre y apellidos propios, de conformidad con lo establecido en la legislación civil;

III.- A solicitar y recibir información sobre su origen, sobre la identidad de sus padres y a conocer se origen genético.

2.4.- CONSTITUCIÓN DEL ESTADO DE SINALOA

En el artículo 4 BIS se establece que en el Estado de Sinaloa toda persona es titular de los derechos humanos reconocidos en la *Constitución Política de los Estados Unidos Mexicanos* y en la Constitución del Estado, al igual que los previstos en los instrumentos internacionales incorporados al orden jurídico mexicano. Se indica que el ejercicio de esos derechos implica deberes correlativos de respeto a los derechos de los demás y de solidaridad hacia la familia, los más desfavorecidos y la sociedad. También, se indica que los derechos humanos tienen eficacia directa y vinculan a todos los poderes públicos. Su regulación será a través de ley orgánica, que respetará en todo tiempo su contenido esencial y progresividad.

En el artículo 4 BIS. A, se consagran diversos derechos y obligaciones entre los que destacan aquellos enlistados en las fracciones III, IV, XI y XIII. En la fracción III, se indica que nadie será sometido sin su libre consentimiento a exámenes y experimentos médicos o científicos, respetándose en todo tiempo el derecho a decidir sobre la difusión de los resultados obtenidos; la fracción IV manda que todo ser humano tenga derecho a un nombre propio y a los apellidos de sus padres o al de uno de ellos. Además, la ley regulará la forma de asegurar este derecho; por lo que hace a la fracción XI, ordena la prohibición de la obtención y el uso en todo procedimiento de la prueba conseguida de forma ilícita; en tanto la fracción XIII, prescribe que los niños son titulares de derechos y no sólo objeto de protección.

Por ello, en todo procedimiento judicial o administrativo en que se resuelvan derechos de los niños se deben observar los principios y las

41

normas del debido proceso legal, atendiendo a las particularidades que se derivan de la situación específica en que se encuentren los niños y que proyectan razonablemente, entre otras materias, sobre la intervención personal de dichos procedimientos y las medidas de protección que sea indispensable en el desarrollo de éstos.

En el artículo 4 BIS C, se hace alusión a las reglas de interpretación entre las cuales son de destacar las contenidas en las fracciones I, II, III y VI.

La fracción I refiere que los derechos humanos deben interpretarse evitando la contradicción con el texto constitucional y propiciando el sentido que le sea más favorable.

Por lo que hace a su sentido, conforme a la fracción II se determinará de acuerdo con los instrumentos internacionales incorporados al orden jurídico mexicano aplicables y atendiendo los criterios de los organismos internacionales de protección de los Derechos Humanos reconocidos por el Estado mexicano, especialmente de la Corte Interamericana de Derechos Humanos.

En lo tocante al posible conflicto de los Derechos Humanos se ordena realizar una ponderación entre los mismos con objeto de lograr su interpretación armónica. Lo anterior de acuerdo con la fracción III del artículo en cita.

Finalmente, la fracción VI se alude a que el interés superior del niño debe ser considerado de forma primordial por parte de los tribunales, autoridades administrativas y órganos legislativos, así como en todas las medidas que tomen las instituciones públicas o privadas de bienestar social.

Dicho deber implica que el desarrollo del niño y el ejercicio pleno de sus derechos deben ser considerados rectores para la elaboración de normas y la aplicación de éstos en todos los órdenes relativos a la vida del niño.

De este modo, del presente capítulo se observa por un lado el derecho de los menores, amparados por el interés superior, consagrado tanto a nivel constitucional, internacional y de leyes secundarias federales y locales. Sin embargo, muchas veces para conocer la identidad del padre, se debe de interponer una demanda para imputarle la paternidad y lograr la satisfacción de alimentos.

Cuestión que se lleva al amparo de las pruebas en genética para la determinación del ADN. No obstante lo anterior, los presuntos padres pueden alegar el derecho a la privacidad y confidencialidad. Por ello, resulta relevante explorar el tratamiento que se da a la prueba en genética en ADN, para observar con posterioridad si en verdad dicha prueba resulta tener una confiabilidad del 95 o 99% de la cual se jactan sus seguidores más optimistas; además, de observar si no tiene en sí misma cuestiones accesorias que disminuyan ese grado de certeza o dificulten su toma en los presuntos padres. Tema que se observará en el próximo capítulo, ya que resulta variable y un tanto apresurado, indicar que la prueba genética de ADN para imputar la paternidad es absolutamente certera. Se necesitan no solo las disposiciones jurídicas, sino que resulta fundamental tener en consideración los casos ilustrativos que brinda el derecho extranjero en particular el *common law,* en lo referente al desarrollo de las pruebas en genética.

III

EL ANÁLISIS DE ADN COMO MEDIO DE PRUEBA EN EL DERECHO

Con respecto al carácter de la prueba en genética, debemos recordar que la prueba constituye el elemento clave de todo proceso, ya que proporciona los elementos de convicción para que el juzgador llegue a la verdad jurídica.

En este sentido la prueba en genética para imputar la paternidad vendría a ser un verdadero medio de prueba por constituirse con base en la verificación técnica y científica por parte de un perito calificado para la toma y análisis de las muestras biológicas[35].

Como ya quedó asentado en el capítulo II, sobre el contenido de la Convención sobre los derechos de los niños, la *Ley para la protección de los derechos de niñas, niños y adolescentes* y *Ley de los derechos de las niñas y niños en el Distrito Federal* y la *Constitución de Sinaloa* se advierte que la carga de la prueba la llevan los menores, sus tutores o representantes legales, en vista de que quien afirma un hecho en que funda su protección está obligado a probarla.

---

[35] Cfr. Cipriano Gómez Lara, *Derecho Procesal Civil*, p. 100.

GENOMA HUMANO Y DERECHO

No obstante lo anterior, dicha carga de la prueba tiene excepciones en el asunto que nos ocupa; es decir, las pruebas en genética para la determinación del ADN de los padres con el fin de imputarles la paternidad. Si una de las partes afirma que X es padre de su hijo, el imputado, al negar el hecho debe probar su dicho, es decir, a partir de algún medio de prueba para desvirtuar la afirmación de su contraparte, que en este caso el idónea sería la prueba genética de ADN.

También existe la posibilidad de que el menor, el tutor o su representante legal no tengan el material genético necesario para llevar a cabo la prueba en genética. En ese caso pueden contar con la presuncional. Sin embargo, la presunción no opera por sí sola; necesita, conforme al contenido del artículo 192 del Código Federal de Procedimientos Civiles, probar los supuestos de la misma, sin que le incumba la prueba de su contenido.

Por su parte en el *Código de Procedimientos Civiles para el Distrito Federal*, en el artículo 381, se indica que quien tiene a su favor una presunción legal, sólo está obligado a probar el hecho en que se funda la presunción. Como se ve, ese hecho justamente radica en la prueba de ADN.

Para la procedibilidad tanto de la prueba o de la presunción en la imputabilidad de paternidad se requiere de un perito, ya que se trata de la persona que al ser llamada a proceso, con base en sus estudios, especialización o conocimiento en las diversas artes u oficios, es capaz de emitir un dictamen sobre los hechos que le son sometidos. Además, tanto en la prueba como en la presuncional se requiere de un perito[36].

Entre la características de la prueba pericial se destacan: el hecho de que tiene lugar cuando los puntos controvertidos en el proceso conciernen a alguna ciencia o arte especiales, diversos del derecho y guarda una estrecha relación con ellos[37]; consiste en un dictamen emitido por un perito en genética, biología molecular o rama afín, que se rinde a

---

36   Cfr. Andrés Baytelman y Mauricio Duce, *Litigación penal juicio oral y prueba*, p. 319.
37   Cfr. Eduardo Pallares, *Derecho Procesal Civil,* p. 397.

petición de las partes o del juez o de ambos; la prueba pericial se ofrece, precisando las cuestiones sobre las que deben dictaminar los peritos.

Pasando a otra arista de la prueba pericial, la misma puede presentar una serie de inconvenientes entre los que es importante destacar el interés de los peritos. Esto se traduce en que quien paga por un peritaje en determinado momento lo hará con cantidades más elevadas a aquellos correspondientes a los servicios profesionales del perito, a fin de obtener un peritaje a su favor, puesto que después todo quien paga no lo hará para obtener un dictamen en su propia contra.

Dentro de esta línea, también se puede presentar el caso de que el perito tenga cierta predisposición hacia una dirección del peritaje. Otro inconveniente es que el perito se llegue a circunscribir a la opinión que prevalece en el círculo de la comunidad a la que pertenece.

Un inconveniente más en esta materia se refiere a que el perito no posea la experiencia, los conocimientos, la destreza o la habilidad necesaria para desarrollar un dictamen especializado.

Otro es aquel relativo a que en las disciplinas técnicas no se pueda afirmar la completa certeza de una conclusión. Aún cuando la conclusión sea probable a la luz de su disciplina, un experto serio normalmente estará dispuesto a reconocer porcentajes o márgenes de error en sus resultados. Dichas variaciones pueden contribuirse en referencias indirectas al juzgador para que desacredite en ciertos puntos el peritaje.

Finalmente, entre las dificultades que pueden presentarse y que como consecuencia enfrenta el dictamen; tienen que ver con la fidelidad con que el perito realizó sus operaciones y obtuvo sus conclusiones en relación con la ciencia a la que se dedica.

Con las dificultades de los peritajes arriba señalados, que son propias a toda prueba, incluida la pericial en genética utilizada para imputar la paternidad, y a pesar de su confiabilidad de 95%, resulta relevante señalar que esta prueba no le proporciona al juez elementos para la valoración científica del hecho, sino la prueba directa del hecho constituido por la identidad del sujeto.

De cualquier modo, se debe tomar en cuenta que la fiabilidad del resultado de la prueba puede depender de una serie de factores que pudiesen no presentarse y por consecuencia deben verificarse para establecer si el resultado de la prueba puede considerarse probable[38].

A su vez, se debe tener en cuenta que para poder implementar la prueba en genética resulta necesario realizar una serie de cálculos para determinar la paternidad.

En este sentido, el análisis del ADN tendrá una utilidad limitada si no se acompaña de un entendimiento de la evaluación bioestadística.

Se debe tener en consideración que la prueba de paternidad no suplanta al juez, puesto que la interpretación final para la imputación de la paternidad corresponde al mismo.

La práctica de la prueba genética en paternidad se realiza de forma exclusiva analizando los marcadores genéticos moleculares que son polimórficos y de herencia mendeliano simple donde, para cada marcador, todos los individuos poseen dos alelos: uno heredado de la madre y otro del padre.

Cuando un marcador es muy frecuente dentro de una población dada se dice que es poco polimorfo por lo que se le descarta como un buen marcador.

Por lo que hace al cálculo de la probabilidad de paternidad en diferentes situaciones del trío (madre-hijo-padre), para aquellos casos en que la madre y el niño son heterocigotas, con diferente genotipo, y el presunto padre posee algún alelo presente en el niño, se tendrá una fórmula matemática. Para el caso en que la madre y el niño, sean ambos heterocigotas -tienen el mismo fenotipo- y el presunto padre posee algún alelo no presente en la madre y en el niño, la ecuación requerida variará un poco.

Otro escenario es aquel en que ambos alelos del presunto padre se encuentran presentes en la madre y el niño. La misma fórmula variará.

Pueden presentarse dos tipos de exclusión de la paternidad. En la primera, denominada de primer orden, no existe probabilidad de error por la existencia de alelos silentes o que se comportan como tales. El hijo posee algún alelo nuevo, no presente en ninguno de los padres. Dado que no hay dudas de donde proviene ese alelo, el único error posible podría

---

[38] Cfr. Jordi Ferrer, *et. al., Estudios sobre la prueba*, p. 153.

estar dado por fallas técnicas o bien por la remota posibilidad de una mutación puntual que cree un alelo mutante igual a uno existente.

La segunda forma de exclusión llamada de segundo orden, en este tipo de exclusión pueden existir homocigosis o bien alelos silentes. El hijo puede poseer un alelo determinado proveniente de la madre. Al ser homocigotas el padre y el hijo no se sabe si hay alelos silentes o provenientes de otro individuo. Dar como válida una exclusión aislada, de segundo orden, por un único marcador y sin estadística, puede conducir a un error de más de 1%.

No se considera exclusión en la investigación biológica de la paternidad a: 1) La exclusión aislada de segundo orden (con 1 solo marcador); 2) las exclusiones aisladas de primer orden o únicamente 2 exclusiones de segundo orden. Si el número de exclusiones es mayor que el antes mencionado, la exclusión está probada.

El valor final de la prueba es un resultado comprendido entre 0 (no es el padre) y 1 (es el padre). El valor es próximo a 1, expresado en porcentaje (100%), el máximo 100% no es alcanzable y sólo es una tendencia.

Cuando la prueba presenta un 99.73% se considera que la paternidad está prácticamente probada; si es de 99% se dice que es una paternidad extremadamente probada; cuando corresponde a un 95% la paternidad es muy probable; mientras que el 90% se dice que es probable; en tanto, el 50% la paternidad es más probable que la no paternidad.

Teniendo en consideración el valor que se da en la doctrina a la prueba pericial en genética para imputar la paternidad, resulta necesario observar el valor que le otorga la jurisprudencia en México por tratarse de la interpretación de las leyes que obligan a las partes.

Al respecto procederemos de un modo cronológico comenzando con la tesis aislada emitida en abril de 2002 por parte del Segundo Tribunal Colegiado del Vigésimo Segundo Circuito, bajo el rubro prueba pericial en química para determinar el ADN. Su admisión afecta los derechos sustantivos del quejoso. En esta tesis el Poder Judicial Federal, por intermediación del referido Tribunal Colegiado, sostuvo que al interponerse un amparo indirecto en el cual se aleguen violaciones por la admisión de la prueba pericial en química para determinar el ADN, no sólo se violan derechos procesales del quejoso, sino que dicha admisión constituye una violación de los derechos sustantivos, en razón de quedar sometido a los días y horarios que se determinen para la toma de las muestras, igual que a la práctica de las mismas, por implicar la toma de sangre que vulneraría el respeto a la integridad física y a la libertad para resolver si se somete o no a la práctica de los citados estudios, y que como consecuencia resultarían irreparables sus derechos sustantivos. Al efecto citamos la tesis en comento:

"Cuando en un juicio de amparo indirecto se señale como acto reclamado el proveído por el que la autoridad responsable admite y ordena desahogar la prueba pericial en química tendiente a determinar el ADN (ácido desoxirribonucleico, como factor determinante y fundamental en la transmisión de caracteres hereditarios) de la parte inconforme, es inexacto considerar que se debe sobreseer el juicio de garantías, argumentando que con esa determinación únicamente se afectan los derechos procesales del impetrante y que, por ende, no se trata de un acto cuya ejecución sea de imposible reparación, conforme a lo dispuesto por el artículo 74, fracción III, de la Ley de Amparo, en relación con los artículos 73, fracción XVIII y 114, fracción IV, de la propia Ley Reglamentaria de los Artículos 103 y 107 Constitucionales; por el contrario, la admisión de la prueba pericial referida constituye, por sí misma, una afectación directa e inmediata a los derechos sustantivos de quien queda sujeto al trámite del desahogo de esta prueba, toda vez que como consecuencia directa de esa determinación, quedará obligada a presentarse en los días y en los horarios que se determinen para la práctica de los estudios químicos, así como a someterse a los exámenes de laboratorio que sean necesarios para desahogar el cuestionario, al tenor del cual se deben rendir los dictámenes correspondientes, que comprenden, por lo menos, la toma de muestras de sangre, lo cual impide que pueda ser considerada como una afectación meramente adjetiva o procesal, pues es evidente que se trata de una orden que no solamente se circunscribe a los derechos procesales del afectado, sino que trasciende de éstos, afectando sus derechos sustantivos, como lo es el respeto a la integridad física y a la libertad para resolver si se somete o no a la práctica de los estudios referidos; derechos, estos últimos, de cuya afectación no podrá ser resarcida aun cuando obtenga sentencia favorable en el juicio; por ello, la determinación reclamada debe considerarse como de imposible reparación"[39].

De la tesis anterior, se observa que la razón o razones de mayor peso que se citan son las violaciones a la integridad física y la vulneración a la libertad para someterse o no a la práctica de las tomas de los referidos estudios. Es decir, que en un primer plano, el Poder Judicial Federal consideró que la toma de sangre entrañaba violaciones de diversa índole. Sin embargo, dos tribunales colegiados del mismo circuito sostendrían opiniones contrarias.

En el caso concreto, la Suprema Corte de Justicia de la Nación tuvo que resolver la contradicción de tesis 81/2002-PS.

Por un lado, se tenía la tesis del Tercer Tribunal Colegiado del vigésimo tercer circuito que sostenía la imposibilidad de la reparación con motivo de la prueba pericial en genética por afectar derechos sustantivos.

Mientras que el Segundo Tribunal Colegiado del mismo circuito sostenía que los actos no ocasionaban al quejoso daño irreparable toda vez que no se afectaban sus derechos sustantivos, sino que se trataba solamente de supuestas violaciones procesales, las cuales podían hacerse valer en el juicio de amparo directo que en su caso promoviera en contra de la sentencia.

Se sostenía que los actos reclamados no violaban derechos sustantivos del quejoso, porque se trataba sólo de la admisión y desahogo de una prueba en el juicio, y si los actos de imposible reparación se hacían consistir en las posibles molestias físicas que sufriría el demandado,

---

[39] Tesis: XXll 2° 13C, *Semanario Judicial de la Federación y su Gaceta,* Novena Época, t. XV, abril de 2002, p. 1319.

no estaba demostrado en autos cuáles eran los daños que no podrían repararse.

En este escenario, la Suprema Corte sostuvo que la admisión y desahogo de la prueba pericial en genética tenían una reparación de carácter imposible susceptible de afectar derechos sustantivos de la persona.

En este caso, la Corte indicó que se requería del análisis constitucional ya que para el desahogo de la prueba en genética se requería de la toma de muestras de tejido celular, por lo general, de sangre a partir de la cual, mediante un elaborado proceso de carácter científico, era posible determinar la correspondencia del ADN; esto posibilitaba establecer no solo un vínculo de parentesco, sino que se podían develar otro tipo de condiciones genéticas hereditarias, relacionadas con aspectos patológicos o conductuales de la persona sometida a dicha prueba. Criterio que se ve a continuación:

"Cuando en un juicio ordinario civil en el que se ventilan cuestiones relacionadas con la paternidad, se dicta un auto por el que se admite y ordena el desahogo de la prueba pericial para determinar la huella genética, con el objeto de acreditar si existe o no vínculo de parentesco por consanguinidad, dicho proveído debe ser considerado como un acto de imposible reparación, que puede afectar los derechos fundamentales del individuo, por lo que debe ser sujeto de un inmediato análisis constitucional, a través del juicio de amparo indirecto, en términos de los artículos 107, fracción III, inciso b), de la Constitución Política de los Estados Unidos Mexicanos y 114, fracción IV, de la Ley de Amparo. Lo anterior es así, por la especial naturaleza de la prueba, ya que para desahogarla es necesario la toma de muestras de tejido celular, por lo general de sangre, a partir del cual, mediante un procedimiento científico, es posible determinar la correspondencia del ADN (ácido desoxirribonucleico), es decir, la huella de identificación genética, lo cual permitirá establecer no sólo la existencia de un vínculo de parentesco, sino también otras características genéticas inherentes a la

51

persona que se somete a ese estudio, pero que nada tengan que ver con la litis que se busca dilucidar y, no obstante, puedan poner al descubierto, contra la voluntad del afectado, otro tipo de condición genética hereditaria, relacionada por ejemplo con aspectos patológicos o de conducta del individuo, que pertenezcan a la más absoluta intimidad del ser humano"[40].

De la contradicción de tesis que resolvió la Corte entre los Tribunales Colegiados del Vigésimo Tercer Circuito, se observa que esta agrega, diverso a las violaciones sobre el respeto a la integridad física y la libertad de decidir si el quejoso se somete a la prueba o no, la cuestión de la intimidad, pues dicha prueba pondría al descubierto no solo cuestiones de parentesco sino las íntimas relacionadas con la patología del individuo y a su conducta.

Sin embargo, con el paso del tiempo se presentaría un nuevo punto litigioso, consistente en si el derecho de los menores a conocer información sobre su origen era violatoria de la garantía de audiencia. Al respecto la Primera Sala de la Suprema Corte, sostuvo en una tesis aislada publicada en enero de 2006 que la garantía de audiencia no se violentaba en el inciso III, del apartado b) del artículo 3 de la *Ley de los derechos de las niñas y niños en el Distrito Federal* en lo tocante al auto que admite la prueba pericial en genética molecular del ácido desoxirribonucleico (ADN).

En virtud de que dicha garantía constitucional se encontraba salvaguardada conforme al contenido del artículo 298 del *Código de Procedimientos Civiles para el Distrito Federal*, arguyéndose que por virtud de dicho numeral se tenía la posibilidad de impugnar a través del recurso de apelación en el efecto devolutivo. Lo anterior conforme con la siguiente tesis aislada:

"El artículo 5, apartado B), inciso III, de la Ley de los Derechos de las Niñas y Niños en el Distrito Federal,

---

[40] Tesis: XVll, *Semanario Judicial de la Federación y su gaceta,* Novena Época, t. XVll, abril de 2003, p. 88.

que establece que las niñas y niños tienen el derecho a la identidad, certeza jurídica y familia, y a solicitar y recibir información sobre su origen, sobre la identidad de sus padres y a conocer su origen genético, se traduce en el derecho de los menores a solicitar en juicio, la prueba pericial en genética molecular del ácido desoxirribonucleico (ADN), de sus presuntos progenitores. Lo anterior no viola la garantía de audiencia, puesto que la misma se encuentra debidamente protegida por el artículo 298 del Código de Procedimientos Civiles para el Distrito Federal, por virtud del cual existe la posibilidad de impugnar mediante el recurso de apelación en el efecto devolutivo, la admisión de una prueba por parte de quien pudiera resultar afectado por la propia admisión"[41].

No obstante, que se dijo la garantía de audiencia no se violaba y aunque no se mencionara en la tesis, continuaba la cuestión de la afectación de la integridad física y la libertad de someterse a la prueba pericial en genética, pues ante la negativa del supuesto padre a someterse a la toma de muestras, no se había indicado nada.

La Primera Sala en la tesis aislada publicada en enero de 2006, sostenía que ante la posibilidad de los presuntos padres de negarse al desahogo de dicha probanza, se presumiría su paternidad salvo prueba en contrario.

Bajo ese rubro, la Primera Sala razonó que ante la autorización del inciso III, del apartado b), del artículo 5 de la *Ley de los Derechos de las Niñas y los Niños en el Distrito Federal*, para que los mismos conozcan su origen genético, que los faculta para solicitar en juicio la prueba en genética, esto no era óbice para que dicho artículo autorice la práctica de dicha probanza de forma involuntaria, contraria a la voluntad de los padres. Lo anterior conforme a la siguiente tesis:

"El artículo 5°, apartado B), inciso lll, de la Ley de los Derechos de las Niñas y los Niños en el Distrito Federa,

---

[41] Tesis: 1ª CCXVlll/2005, *Seminario Judicial de la Federación y su gaceta*, Novena Época, t. XXlll, enero de 2006, p. 737.

que establece que las niñas y niños tienen el derecho a la identidad, certeza jurídica y familia, y a solicitar y recibir información sobre su origen genético, se traduce en el derecho de los menores a solicitar en juicio, la prueba pericial en genética molecular del ácido desoxirribonucléico (ADN), de sus presuntos progenitores. Lo anterior no implica que dicho artículo autorice la práctica de la citada probanza de manera forzada y contra la voluntad de los mismos, porque el precepto no establece la correlativa obligación de los supuestos padres a la práctica de la citada prueba pericial, de manera que estos, en todo momento, puedan negarse a que dicha probanza se lleve a cabo, en cuyo caso, en términos del artículo 312 del Código Civil para el Distrito Federal, la paternidad y la maternidad, según sea el caso, se presumirá salvo prueba en contrario"[42].

Sin embargo, como se verá más adelante, para que la presunción surta efectos, deben aportarse pruebas que acrediten los hechos de la misma.

Continuando con esta referencia cronológica, en agosto de 2006, en tesis aislada sustentada por el Primer Tribunal Colegiado en materia civil del Sexto Circuito, bajo el rubro Prueba Pericial en Genética, las partes que se sometan a ella deben tener conocimiento desde un inicio del laboratorio y de la persona que tomará las muestras, pues si se desarrolla en forma irregular, no servirán como medio fehaciente de convicción, ante el juez que conoce del asunto.

Se sostuvo que como consecuencia de la toma de muestras biológicas (sangre, saliva, piel, etc) para llevar a cabo la prueba pericial en genética, al verse comprometidos derechos fundamentales del individuo, como la integridad personal por la toma de las citadas muestras; no podía llevarse a cabo sin restricción alguna. Antes bien se debían establecer medios de seguridad, consistentes en la invitación al individuo para que lleve a cabo el examen, ya que dicha probanza exhibe otro tipo de información que lo compromete.

---

[42]   Tesis 1ª CCXVII/2005, *Seminario Judicial de la Federación y su gaceta,* Novena Época, t. XXXIII, enero de 2006, p. 736.

De allí la necesidad de contar con el nombre del químico y del laboratorio que elaborarán el dictamen correspondiente. Lo anterior de acuerdo con la siguiente tesis:

> "El desahogo de la prueba pericial en genética ocasiona perjuicios de imposible reparación, en la medida en que pueden verse afectados derechos fundamentales del individuo, como lo es la integridad personal, porque tal prueba se basa, por lo general, en la toma de muestras de sangre . . . Además, también puede realizarse a partir de tejidos orgánicos como la raíz del pelo, los espermatozoides, la piel, el líquido amniótico, saliva. De ahí la importancia de la seguridad de tener conocimiento desde un inicio del laboratorio y la persona que tomará las muestras, pues si la prueba se desarrolla de forma irregular, no servirá como medio fehaciente de convicción, por lo tanto, . . . el desahogo de la pericial no puede hacerse sin restricción alguna, sino que deben establecerse medios de seguridad, tales como invitar al individuo para la práctica de exámenes en un laboratorio . . . pudiendo descubrir otros tipos de características celulares, hormonales y propensiones que nada tienen que ver con la controversia; por ello, es preciso que antes de proceder al desahogo de la prueba pericial de referencia se cuente con el nombre del químico y del laboratorio quien elaborará el dictamen correspondiente"[43].

Siguiendo esta línea sobre la negativa del los presuntos padres a someterse a la prueba en genética ante el derecho de los menores a conocer su origen genético y el de aquellos a la protección de su integridad física ante la negativa de los mismos a someterse a la referida prueba, se tienen por presuntamente ciertos los hechos. Opera en el mismo sentido cuando se da el caso de que los presuntos hijos se niegan a someterse a la prueba en genética. Lo anterior fue sostenido por el

---

[43] Tesis VI. 1°C.88C, *Semanario Judicial de la Federación y su gaceta,* Novena Época, t. XXIV, agosto de 2006, p. 2317.

Tercer Tribunal Colegiado en materia civil del Primer Circuito, bajo el rubro Prueba Pericial en genética molecular, cuando se ofrece en el juicio de desconocimiento de paternidad y el menor se niega a someterse a la referida, de acuerdo con lo siguiente:

"La acción de desconocimiento de paternidad tiene como finalidad desvirtuar la presunción legal que deriva del registro de un menor, por lo que la prueba idónea para tal efecto es la pericial en materia de genética molecular. A su vez, el artículo 287 del Código de Procedimientos Civiles para el Distrito Federal establece que cuando una de las partes se oponga a la inspección o reconocimiento ordenados por el tribunal, para conocer sus condiciones físicas o mentales, o no conteste a las preguntas que el tribunal le dirija, éste debe tener por ciertas las afirmaciones de la contraparte, salvo prueba en contrario. El propósito que inspiró al legislador a introducir esa hipótesis normativa consistió en proteger la individualidad de los gobernados, pues estimó que no podía obligárseles a la inspección o reconocimiento de sus condiciones físicas o mentales, ya que ello atentaría contra sus derechos públicos subjetivos al invadir su intimidad sin su consentimiento, empero, como sanción a esa conducta omisiva, el legislador introdujo la presunción legal de tener por ciertos los hechos afirmados por su contraparte. De modo que, cuando en un juicio de desconocimiento de paternidad se ofrece la prueba pericial en genética molecular, y el menor (a través de quien lo tiene bajo su patria potestad y lo representa) se niega a que se le practiquen los exámenes correspondientes, no puede obligarse a practicar en su persona dicha probanza, pero en tal supuesto deben tenerse por ciertos los hechos narrados por su contraparte, salvo prueba en contrario"[44].

---

[44] Tesis: I. 3º. C.576 C, *Semanario Judicial de la Federación,* Novena Época, t. XXV, enero de 2007, p. 2306.

Además, otro Colegiado, el segundo del vigésimo circuito, sostuvo que si el progenitor se niega a someterse a la prueba pericial en genética, lo que procede es tener por cierta la presunción. Acorde con la tesis aislada, de enero de 2007, bajo el rubro reconocimiento de paternidad. Si el sujeto de la prueba pericial en genética molecular se niega a su desahogo, debe tenerse como verdadero que el renuente es progenitor del menor involucrado. Esto es así de acuerdo con la siguiente tesis que se transcribe:

"De acuerdo con los artículos 6 y 8, inciso c), de la abrogada Ley para la Protección de los Derechos de las Niñas, Niños y Adolescentes del Estado de Chiapas, los menores tienen derecho a solicitar y recibir información sobre su origen e identidad de sus padres y a conocer su origen genético. Ahora bien, en el supuesto de que el demandado niegue la paternidad, ésta podrá demostrarse a través de la pericial en genética molecular, que debe desahogarse en términos de los numerales 353 al 360 del Código de Procedimientos Civiles del Estado. Sin embargo, ambos ordenamientos no establecen la correlativa obligación de los presuntos progenitores a someterse a la práctica de la citada probanza ni la facultad de los juzgadores para obligarlos a ello, pues para que se lleve a cabo ese medio de prueba, necesariamente debe concurrir la voluntad y el consentimiento del sujeto afectado. En ese contexto, si el sujeto de la prueba se niega a su desahogo procede hacer efectivo el apercibimiento a que se refiere el numeral 295 del código adjetivo citado, en el sentido de que en caso de oposición a la prueba deben tenerse por ciertas las afirmaciones de la contraparte; así, la consecuencia de tal rechazo será que se tenga como verdadero que el renuente es progenitor del menor involucrado; sin que obste que tal precepto se refiera expresamente a las diligencias de inspección o reconocimiento que se ordenen en autos, ya que al no existir una disposición específica en relación con la prueba pericial, debe aplicarse por analogía e incluso por mayoría de razón, pues lo que sanciona es la negativa u oposición de los contendientes de un juicio al desahogo de una prueba"[45].

Como ya anticipábamos, la presunción no opera por sí misma: requiere de otros medios para robustecerse y tener eficacia. Es así que la Primera Sala de la Suprema Corte de Justicia de la Nación sustentó la opinión de que para cualquier prueba ficta, la presunción derivada de la omisión del demandado de realizarse la prueba para que éstas, en su conjunto, tengan eficacia para acreditar la maternidad, debe sustentarse en hechos que la refuercen.

De otra manera, sino existiera alguna prueba que reforzara la pericial en comento o hubiese alguna en contrario, la presunción mencionada no sería suficiente para tener por cierta la relación paterno-filial, de acuerdo con la siguiente tesis jurisprudencial, emitida por la Primera Sala, en marzo del 2007:

> "V.- Consecuencias de la negativa del presunto ascendiente . . . si el demandado se opone a la realización de la prueba pericial en genética . . . conforme al artículo 14 constitucional resuelve conforme a la letra de la ley . . . se presumirá la filiación.

> Por su parte, la legislación del Estado de México, si bien no lo precisa mediante norma expresa, debe recordarse que los jueces se encuentran facultados para disipar toda disputa . . . toda vez que bajo ninguna circunstancia podrán dejar de celebrar una controversia. De esta manera, esta primera Sala considera que para resolver esa laguna legal, se deben aplicar, por analogía, las disposiciones concernientes a los principios reguladores de la confesión ficta y del reconocimiento de documentos, en su caso.

---

[45]   Tesis XX.2°.38C, *Semanario Judicial de la Federación y su gaceta,* Novena Época, t.XXV, enero de 2007, p. 2316.

De acuerdo con esto, se tendrá por confesa a la parte citada a absolver posiciones cuando se niegue a declarar o no comparezca a la diligencia sin causa justa. Asimismo, cuando se cite a una persona a reconocer un documento y no comparece, se le tendrá por reconocido . . . pues llevaría a dejar el interés superior del niño merced de la voluntad del presunto progenitor.

De quedar claro que como sucede con cualquier prueba ficta, esta presunción derivada de la omisión del demandado de realizarse la prueba de ADN debe estar administrada con otros medios de prueba que éstas, en su conjunto, tengan eficacia para acreditar la maternidad. De otra manera, si no existiera alguna prueba que robusteciera la pericial en comento, o hubiera alguna en contrario, la presunción mencionada no sería suficiente para tener por cierta la relación paterno filial . . . "[46].

Como se observa la negativa de los presuntos padres a someterse a la prueba pericial en genética para determinar su vínculo con el ADN, supone la presunción en favor de quien afirma los hechos de la paternidad, aunque deben de existir pruebas que refuercen dicha presunción.

No obstante ello, se ha encontrado la forma de disuadir de alguna forma a aquellos refractarios a someterse a la prueba de ADN, ya que se les comenzaron a aplicar las medidas de apremio, y que además resultan legales. Así lo sustentó la Primera Sala de la Suprema Corte. Resolvió la contradicción de tesis entre las tesis contrarias del Tercer Tribunal Colegiado en materia civil del Cuarto Circuito y la del Tercer Tribunal Colegiado en materia civil del Segundo Circuito, bajo el rubro juicios de paternidad, en los casos en que a pesar de la imposición de medidas de apremio los presuntos ascendientes se niegan a practicarse la prueba pericial en materia de genética (ADN). Allí opera la presunción de la

---

[46]   Primera Sala, *Semanario Judicial de la Federación y su Gaceta*, Novena Época, t. XXV, marzo del 2007, p. 112.

filiación controvertida (legislaciones de Nuevo León y del Estado de México), como se observa:

"Conforme a los artículos 4o. de la Constitución Política de los Estados Unidos Mexicanos; 3o., 6o., 7o. y 8o. de la Convención sobre los Derechos del Niño; y 22 de la Ley para la Protección de los Derechos de Niñas, Niños y Adolescentes, los menores tienen derecho a conocer su identidad, y la importancia de ese derecho fundamental no sólo radica en la posibilidad de que conozcan su origen biológico (ascendencia), sino en que de ese conocimiento deriva el derecho del menor, constitucionalmente establecido, de que sus ascendientes satisfagan sus necesidades de alimentación, salud, educación y sano esparcimiento, para su desarrollo integral, además de que puede implicar el derecho a una nacionalidad determinada. Por otra parte, los Códigos de Procedimientos Civiles del Estado de Nuevo León y del Estado de México establecen medidas de apremio a través de las cuales los Jueces y Magistrados pueden lograr que sus determinaciones se cumplan. Así, cuando en un juicio de paternidad se ordena el desahogo de la prueba pericial en materia de genética (ADN) y el presunto ascendiente se niega a que se le practique, es constitucional que se le apliquen dichas medidas para que se cumpla la determinación del juzgador, pero si a pesar de esas medidas no se logra vencer la negativa del demandado para la realización de la prueba, esto no significa que se deje a merced de la voluntad del presunto ascendiente el interés superior del menor, y que dicha negativa u oposición para la práctica de la prueba quede sin consecuencia alguna, ya que en todo caso debe operar la presunción de la filiación controvertida porque, por una parte, el artículo 190 bis V del Código de Procedimientos Civiles de Nuevo León, así lo señala expresamente y, por otra, aunque la legislación del Estado de México no precisa esa circunstancia en una norma expresa, atendiendo al interés superior del niño y de una interpretación extensiva y analógica de los artículos 1.287 y 2.44 del Código Procesal Civil de esa entidad federativa, que establecen los supuestos de confesión ficta y reconocimiento de documentos, se concluye que ante la negativa del presunto ascendiente a practicarse la mencionada prueba, debe operar la presunción de la filiación, salvo prueba en contrario, pues como se ha dicho, considerarlo de otra manera llevaría a dejar el interés superior del niño a merced de la voluntad del presunto progenitor y no se respetaría su derecho fundamental a conocer su identidad"[47].

Una vez que se dijo se aplicasen las medidas de apremio para lograr que las determinaciones de los jueces se cumplan, se dio otro paso al sostener la Primera Sala de la Suprema Corte en marzo del 2007, en la contradicción de tesis 154/2005-PS entre el Tercer Tribunal Colegiado en materia civil del Cuarto Circuito y el Tercer Tribunal Colegiado en materia civil del Segundo Circuito, que el uso de la fuerza, como medida de apremio ante la negativa del presunto padre a entregar la muestra, consiste tan sólo en la presentación del renuente a la misma, mas no autoriza a la toma de la muestra biológica, sea la que sea, a que se le extraiga a la fuerza. La medida de apremio faculta a presentarlo a la fuerza, mas no a obtener la muestra biológica por este medio. Esto es así en virtud de la tesis sustentada bajo el rubro medidas de apremio, alcance del uso de la fuerza pública tratándose de juicios de paternidad en los que se ofrece la prueba en genética molecular (ADN) de acuerdo con lo siguiente:

"Esta Primera Sala ha establecido que tratándose de los juicios de paternidad en los que se ofrece la prueba en genética molecular (ADN), es constitucional que el Juez haga uso de las medidas de apremio previstas en la ley para lograr que el demandado se someta a dicha prueba. Asimismo, se determinó que si a pesar de la imposición de

---

[47]   Tesis 1ª/J.101/2006, *Semanario Judicial de la Federación y su Gaceta,* Novena Época, t. XXV, marzo de 2007, p. 111.

dichas medidas de apremio no se logra vencer la negativa del demandado para realizarse la prueba, la consecuencia de esa conducta será que opere la presunción de la filiación, salvo prueba en contrario. Ahora bien, dentro de las medidas de apremio establecidas por la ley se encuentra el uso de la fuerza pública, pero esta medida debe utilizarse sólo para presentar al demandado al lugar donde deba tomarse la muestra genética, pero de ninguna manera para que con esta medida se obtenga dicha muestra, pues de considerar que con tal providencia se pudiera forzar al presunto padre para obtener la mencionada muestra, ninguna razón de ser tendría haber establecido que en caso de que persistiera la negativa para realizarse esa prueba, se tendrían por presuntamente probados los hechos que se pretendían acreditar"[48].

Contrario de los primeros criterios sustentados por el Poder Judicial Federal donde se sostenía que se vulneraba la intimidad, la Primera Sala dio un giro en su labor interpretativa y sustentó que no se violaba la intimidad genética del presunto padre, en virtud de que de los análisis de paternidad por ADN, únicamente se obtiene la llamada huella génica, la cual no incluye el contenido de toda la información genética, sino sólo la que corresponde a determinados segmentos del ADN. Lo anterior, conforme con la tesis bajo el rubro medidas de apremio, su aplicación es constitucional en los juicios de paternidad cuando los presuntos ascendientes se niegan a practicarse la prueba pericial en materia de genética (ADN), la cual se transcribe a continuación:

"Los Códigos de Procedimientos Civiles del Estado de Nuevo León y del Estado de México establecen medidas de apremio a través de las cuales los Jueces y Magistrados pueden lograr que sus determinaciones se cumplan. Así, cuando el Juez en un juicio de paternidad ordena el desahogo de la prueba pericial en materia de genética (ADN) y el

48 Tesis 1ª/J.100/2006, *Semanario Judicial de la Federación y su Gaceta,* Novena Época, t. XXV, marzo de 2007, p. 149.

presunto ascendiente se niega a que se le practique, esa conducta encaja en los supuestos de aplicación de las medidas de apremio para que se cumpla la determinación del juzgador. Con la aplicación de estas medidas, no se viola el derecho a la intimidad genética del presunto padre, pues en los análisis de paternidad por ADN únicamente se obtiene la llamada huella genética, la cual no incluye el contenido de toda la información genética, sino sólo lo que corresponde a determinados segmentos del ADN para verificar si los marcadores del presunto padre son coincidentes con los del presunto hijo, y así establecer si existe o no relación de filiación entre ellos. Por esas mismas razones, no existe violación de garantías respecto de la autodeterminación informativa, pues el análisis de paternidad tiene una justificación en tanto que únicamente versará sobre la filiación y no sobre otras cuestiones. De igual manera, la realización de la mencionada prueba no viola las garantías establecidas en el artículo 22 constitucional porque dicho artículo se refiere a las sanciones que se imponen a los individuos cuya responsabilidad está plenamente demostrada, previo desahogo de un proceso legal, y la práctica de la prueba genética no puede considerarse una pena; por ello, al no constituir una pena o sanción, no se encuentra en los supuestos del artículo 22 constitucional. Por lo anterior, se concluye que el uso de las medidas de seguridad está plenamente justificado en tanto que el presunto ascendiente tiene la obligación de practicarse dicha prueba atendiendo al interés superior del menor y a su derecho de conocer su origen biológico y la identidad de sus progenitores"[49].

Además, dicha probanza puede ser practicada en cualquier tiempo, puede ser repetida o ampliada, ya que el menor goza del interés superior que le ampara, según la tesis aislada sustentada por la

---

[49]   Tesis 1ª/J.99/2006, *Semanario Judicial de la Federación y su Gaceta,* Novena Época, t. XXV, marzo de 2007, p.150.

Primera Sala de la Suprema Corte de Justicia, en julio de 2007, bajo el rubro prueba pericial en genética (ADN) en los juicios de paternidad.

Aún cuando se omita exhibir el cuestionario para su desahogo, la admisión de dicha probanza no vulnera las garantías de seguridad jurídica y legalidad:

"Si se parte de la base de que en toda contienda judicial que involucre derechos de menores el juzgador debe resolver atendiendo al interés superior del niño, resulta inconcuso que no se vulneran las garantías de seguridad jurídica y legalidad contenidas en los artículos 14 y 16 de la Constitución Política de los Estados Unidos Mexicanos, por el hecho de que en un juicio de paternidad se ofrezca la prueba pericial en genética (ADN) y el oferente omita exhibir el cuestionario en el que se precisen los puntos objeto del dictamen para su desahogo y para la vista, adición y designación del perito de su contraparte, y no obstante ello el juzgador admita la prueba. Lo anterior es así, si se considera que la prueba de referencia es la idónea para investigar sobre la paternidad; de ahí que aun ante esa omisión o irregularidad en el procedimiento, al estar involucrados derechos de un menor debe resolverse atendiendo primordialmente al interés superior de éste ante cualquier otro que vaya en su perjuicio, por lo que el juzgador tiene la facultad de decretar en todo tiempo, aun de oficio, la práctica, repetición o ampliación de cualquier diligencia probatoria, siempre que la estime necesaria y sea conducente para el conocimiento de la verdad respecto de los derechos del menor controvertidos en el juicio"[50].

Por otro lado, si el perito requiere de la colaboración de otros expertos para la toma de la muestra, análisis o interpretación de resultados, la contraparte tiene derecho a conocer los nombres de los profesionistas que intervendrán en la cadena de custodia. Cuestión que no ocurre cuando el experto lo hace de forma individual, pues si este acepta y protesta el cargo, lo mismo debe ocurrir cuando se trata de los profesionistas que participan en la cadena de custodia, la tesis aislada

---

[50] Tesis 1ª CXL/2007, *Semanario Judicial de la Federación y su Gaceta,* Novena Época, t.XXVI, julio de 2007, p. 267.

sustentada por el Tercer Tribunal Colegiado de Circuito en materia civil del Primer Circuito, en octubre de 2007, cuyo rubro se intitula pericial en genética molecular del ácido desoxirribonucleico (ADN), es una prueba de carácter multidisciplinario cuyo desahogo puede requerir la intervención de más de un especialista:

"La doctrina en materia procesal civil reconoce la indelegabilidad del cargo de perito, sin embargo, acepta que esa característica no constituye un impedimento para que el perito requiera la colaboración de especialistas para la realización de operaciones preparatorias o complementarias, tendientes a aportar mayores elementos de juicio a efecto de producir el dictamen encomendado, aunque para que esto suceda deban cuidarse ciertas formalidades en la forma de desahogo de una prueba multidisciplinaria. En tal virtud, con independencia de que el especialista en genética molecular cuente con el perfil profesional requerido para rendir un dictamen pericial de esa naturaleza y que las partes reconozcan su prestigio profesional, imparcialidad y honestidad con la que se conducirá durante el desarrollo de la prueba, lo cierto es que, si dicho perito requiere la intervención de uno o varios expertos en otras áreas de la ciencia (biólogos moleculares, químicos o laboratoristas), para la toma de muestras de ADN, análisis de las mismas o bien, para la interpretación de los resultados, las partes tienen derecho a conocer los nombres de los profesionistas que estarán a cargo del desahogo de la prueba, pues sólo de esta forma se tendrá la certeza de quiénes intervinieron en la cadena de custodia de las muestras y en qué grado participaron en el desarrollo de la prueba; por tanto, únicamente cuando el médico en genética molecular cuente con los conocimientos e instrumentos necesarios para desahogar la prueba en sus distintas etapas de manera individual sin la intervención de otro perito, bastará que este especialista acepte y proteste el cargo, de lo contrario todos los involucrados en el desarrollo de la prueba se encontrarán obligados a cumplir con esa formalidad"[51].

En general, podemos afirmar que se ha dado un cambio en la postura e interpretación por parte del Poder Judicial de la Federación, que robustece el interés superior del menor, en el sentido de proporcionar la interpretación de las leyes mexicanas que tiendan a posibilitar el que los menores conozcan su origen, lo cual les garantice, en términos generales, la satisfacción de sus necesidades elementales como educación, alimento, vivienda, salud, entre otras.

Al parecer esta postura sigue diseminándose a lo largo y ancho del Poder Judicial Federal, con tesis que reiteran las anteriormente sustentadas, como sería el caso de la emitida por el Segundo Tribunal Colegiado en materia civil del Séptimo Circuito, de febrero de 2008. En ella se reitera la imposición de medidas de apremio para el caso de que el ascendiente se niegue a someterse a la prueba pericial en genética. Publicada bajo el rubro, juicios de paternidad, en los casos en que a pesar de la imposición de medidas de apremio los presuntos ascendientes se niegan a practicarse la prueba pericial en materia de genética (ADN), opera la presunción de la filiación controvertida, salvo prueba en contrario, criterio que se transcribe a continuación:

> "La Primera Sala de la Suprema Corte de Justicia de la Nación al resolver la contradicción de tesis 154/2005-PS de la que derivó la jurisprudencia 1a./J. 101/2006, publicada en el Semanario Judicial de la Federación y su Gaceta, Novena Época, Tomo XXV, marzo de 2007, página 111, con el rubro: "JUICIOS DE PATERNIDAD. EN LOS CASOS EN QUE A PESAR DE LA IMPOSICIÓN DE MEDIDAS DE APREMIO LOS PRESUNTOS ASCENDIENTES SE NIEGAN A PRACTICARSE LA PRUEBA PERICIAL EN MATERIA DE GENÉTICA (ADN), OPERA LA PRESUNCIÓN DE LA FILIACIÓN CONTROVERTIDA

---

[51] Tesis I.3º.C.644C, *Semanario Judicial de la Federación y su Gaceta,* Novena Época, t. XXVI, octubre 2007, p. 3250.

(LEGISLACIONES DE NUEVO LEÓN Y DEL ESTADO
DE MÉXICO).", sostuvo que -en tratándose de la legislación
civil del Estado de Nuevo León y la del Estado de México-
cuando los presuntos ascendientes se niegan a practicarse
la prueba pericial en genética, opera la presunción de
filiación controvertida, toda vez que de una interpretación
analógica y de principios generales del derecho, el referido
órgano jurisdiccional concluía -entre otras cosas- que era
dable presumir dicha filiación; en ese tenor, este Tribunal
Colegiado de Circuito, de manera específica, estima que es
posible concluir de igual manera con la legislación civil del
Estado de Veracruz, tomando en consideración esos tipos de
interpretación jurídica y, además, con la exacta aplicación de
los artículos 4o. de la Constitución Política de los Estados
Unidos Mexicanos; 3, 6, 7 y 8 de la Convención sobre los
Derechos del Niño y 22 de la Ley para la Protección de los
Derechos de Niñas, Niños y Adolescentes. Por tanto, si las
referidas disposiciones señalan, por un lado, el derecho de
los menores a conocer su identidad y que la importancia de
ese derecho fundamental no sólo radica en la posibilidad
de que conozcan su origen biológico (ascendencia), sino
en que de ese conocimiento deriva el derecho del menor,
constitucionalmente establecido, de que sus ascendientes
satisfagan sus necesidades de alimentación, salud, educación
y sano esparcimiento, para su desarrollo integral, además
de que puede implicar el derecho a una nacionalidad
determinada; por otro lado, el Código de Procedimientos
Civiles del Estado de Veracruz establece medidas de apremio
a través de las cuales los Jueces pueden lograr que sus
determinaciones se cumplan, entonces, cuando en un juicio
de paternidad se ordena el desahogo de la prueba pericial
en materia de genética (ADN) y el presunto ascendiente se
niega a que se le practique, resulta igualmente constitucional
que se le apliquen las citadas medidas para que se cumpla
la determinación del juzgador; no obstante, si a pesar de
la utilización de aquellas medidas no se logra vencer la

negativa del demandado para la realización de la prueba, esto no puede significar que se deje a merced de la voluntad del presunto ascendiente el interés superior del menor, y que dicha negativa u oposición para la práctica de la prueba quede sin consecuencia jurídica alguna, puesto que, en todo caso, debe operar la presunción de la filiación controvertida porque, aunque la legislación del Estado de Veracruz no precisa esa circunstancia en una norma expresa, en atención al interés superior del niño y de una interpretación extensiva y analógica del artículo 257 del código procesal civil de esta entidad federativa, que establece los supuestos de confesión ficta, se concluye que ante la negativa del presunto ascendiente a practicarse la mencionada prueba, debe operar la presunción de la filiación, salvo prueba o derecho en contrario pues, como se ha dicho, considerarlo de otra manera llevaría a dejar el interés superior del niño a merced de la voluntad del presunto progenitor y no se respetaría su derecho fundamental a conocer su identidad"[52].

De las tesis antes transcritas, se advierte la presencia de algunos problemas.

Podemos observar, entre otras cuestiones, que al interior del derecho mexicano los ordenamientos que rigen la cuestión relativa a las pruebas genéticas sobre paternidad son a nivel Constitución.

Por un lado la privacidad e intimidad, consagrada en el Artículo 16 constitucional, entra en colisión con el contenido del Artículo cuarto de la *Constitución Política*, ya que esta señala que los niños y las niñas tienen derecho a la satisfacción de sus necesidades de alimentación salud, educación y sano esparcimiento; el cual se debe relacionar con su derecho a conocer la paternidad que se desconoce. Es aquí donde entran en escena las pruebas para determinar la misma.

Se tienen por otro lado, los tratados internacionales que refuerzan la postura a favor de la niñez para conocer su origen genético, en el

---

[52] Tesis VII.2°C.IIIC, *Semanario Judicial de la Federación y su Gaceta*, Novena Época, t.XXVII, febrero de 2008, p. 2313.

caso de la legislación del Distrito Federal, y la de conocer a sus padres, tratándose de la legislación federal y los tratados internacionales.

Lo relativo a la colisión de derechos, se debe a lo que atinadamente señala Jorge Ulises Carmona Tinoco, en el sentido de que las cuestiones constitucionales deben alcanzar a la interpretación legislativa en razón de que:

> "(. . .) La actividad interpretativa no se agota en la determinación del sentido y alcance de los preceptos constitucionales que rigen el proceso legislativo, alcanza también a otros preceptos de la Constitución que pueden estar vinculados con el contenido concreto del proyecto de ley de que se trate"[53].

Es decir, que la interpretación de los preceptos constitucionales se han instrumentalizado con relación al interés superior del niño, por medio de las leyes federales y locales, a través de las pruebas genéticas. Sin embargo, se ha perdido en dichos instrumentos legales el derecho a la privacidad, y la instrumentación práctica de dicha probanza, cuestión que ha tratado de salvar la jurisprudencia sin mucho éxito aparentemente, cuestión esta última deducida por medio de las tesis y jurisprudencias transcritas líneas arriba.

La jurisprudencia de ser en un principio contraria a la aplicación de las pruebas de genética, ha señalado que si bien no es lícita la toma de muestras de modo forzoso a los presuntos padres, opera la presunción de la filiación; sí y sólo sí existen otros medios de convicción que refuercen dicha presunción ante la negativa de la toma de muestras por parte de los presuntos padres.

Por otro lado, la Primera Sala de la Suprema Corte de Justicia de la Nación trató de librar el obstáculo de la toma de muestras de tejido sangre y saliva mediante las denominadas huellas genéticas que ya no revelan los datos genéticos, según el criterio que sostuvo.

---

[53]   Carmona Tinoco, Jorge, *La interpretación judicial constitucional,* p. 87.

Sin embargo, pareciera que se cae en el mismo juego de la inoperatividad de dicha prueba pues la misma huella debe ser recolectada del individuo que se niega a someterse a la misma, ya que no se le puede forzar a otorgar dicha probanza en virtud de su derecho a la privacidad.

De este modo, se advierte la falta de operatividad de la presunción, si se carece de otros medios de prueba que refuercen la falta de eficacia de los medios de apremio, ya que sólo se constriñen a presentar al sujeto, mas no a tomarle la prueba, se ha aceptado, por parte del Poder Judicial que la huella genética no vulnera la intimidad del individuo. De todo esto se advierte que tanto en las leyes como en la jurisprudencia se otorga un valor de certeza casi del 100% a la prueba pericial en genética. En ningún momento se cuestiona la forma de tomar la muestra o el método utilizado, ni el consenso de la comunidad científica respecto a la validez de la prueba y ni qué decir sobre la bioestadística que resulta imprescindible para poder implementar de forma correcta la prueba genética de ADN.

Además de no existir disposición o jurisprudencia sobre el destino final de las muestras biológicas tomadas de los sujetos, que en verdad pone en riesgo la intimidad de las pruebas de ADN y el de los menores a conocer su origen.

Es de resaltarse la nula mención de la bioestadística en la jurisprudencia referente a la prueba genética de ADN para conocer la paternidad de un individuo, y que resulta imprescindible para poder imputar la misma.

Además, de ese propio estudio estadístico pueden surgir un sin fin de medidas que vuelvan inoperante la prueba: en caso de toma incorrecta de la muestra biológica, del tipo de método que se utilice, de la capacidad del técnico que la recoge, de la conservación de la muestra, entre otras.

De aquí se advierten dos tipos de cuestiones a tener en cuenta: la colisión del derecho a la privacidad contra el derecho de los menores a conocer su origen y la falta de operatividad de la prueba ante la negativa de los presuntos padres.

La primer cuestión se tratará en el siguiente capítulo que versará sobre los límites que presenta la prueba en genética y que el derecho mexicano parece haber hecho a un lado.

En tanto la otra problemática, sobre la operatividad de la prueba genética, se dejará para un capítulo posterior a fin de delinear ambos problemas en su propia dimensión.

IV

LÍMITES AL ANÁLISIS DE ADN COMO PRUEBA CONTRA DERECHOS HUMANOS

En este capítulo se aborda cómo se ha entendido el derecho a la privacidad y si debe ser considerado como un límite frente a la prerrogativa de los menores a solicitar que en un proceso se someta a los presuntos ascendientes a tomar la prueba pericial en genética.

Esto resulta relevante, ya que a pesar de que la Corte de Justicia de nuestro país señaló que con la huella génica no se ponían en riesgo el derecho a la intimidad de los presuntos padres, no se dice qué destino se debe dar a dicha huella, quién será el responsable de su difusión -si se diera el caso- cómo conseguir que los presuntos padres tomen la muestra, de una forma diversa a la simple implementación de las medidas de apremio, lo que podría dejar en mala posición al derecho a la privacidad e intimidad.

4.0.- CONCEPTO DE PRIVACIDAD E INTIMIDAD

Por privacidad entiende Antoine Prost una realidad que no nos es dada desde el origen de los tiempos, sino más bien una realidad histórica construida de manera diferente por determinadas sociedades. No hay una vida privada cuyos límites se encuentren definidos de una vez por todas, sino una distribución cambiante de la actividad humana entre la esfera privada y la pública.

Para Alonso Gómez-Robledo y Lina Ornelas Núñez, el concepto de vida privada abarca todo aquello que la persona no desea se divulgue o se haga del conocimiento general en una sociedad particular. En este mismo sentido, dentro de la vida privada, se presenta un área en particular que se anhela proteger con mayor vehemencia, ya que se le considera indivisible de la esencia misma de la persona. A esto se le denomina intimidad[54].

Una forma de ejemplificar la diferencia entre vida privada e intimidad sería en que la primera pertenece al estado civil, los familiares, en tanto se circunscribe a la intimidad la forma conforme a la cual se desarrollaran las relaciones de tipo conyugal, la vida en soltería, entre otras.

Continuando con esta definición de la privacidad y la intimidad, en el *Diccionario de la Real Academia Española de la lengua*, no se incluye una definición de privacidad, pero sí de la palabra privado:

"Privado, da (Del. lat. Privatus.) p.p privar. 2. adj. Que se ejecuta a vista de pocos, familiar y domésticamente, sin formalidad ni ceremonia alguna. 3.- Particular y personal de cada uno. 4. V. higiene, misa privada. 5 Can. Con el verbo estar, muy contento, lleno de gozo. 6. El que tiene privanza"[55].

Debemos referir que la privacidad encuentra una relación muy estrecha con la intimidad pues se ha dicho que es un elemento de ella o como parte asociada, y que en el ámbito de lo legal juega un papel principal para garantizar la privacidad, y muy en particular de los datos genéticos.

La intimidad es definida en el mismo Diccionario como:

---

[54] Cfr. Gómez-Robledo, Alonso y Ornelas Núñez, Lina, *Protección de datos personales en México: el caso del Poder Ejecutivo Federal*, p. 6.

[55] *Diccionario de la Lengua Española*, pp. 1669.

"Intimidad. f. Amistad íntima. 2. Zona espiritual intima y reservada de una persona o de un grupo, especialmente de una familia"[56].

De *Intimus (a,um)*, se traduce del latín por íntimo, el más íntimo. Su procedencia, se encuentra en el adverbio *intus,* traducible por dentro, o hacia dentro. Es así que íntimo puede ser traducido como lo más íntimo, lo que tiende a demostrar la máxima interioridad. La lengua latina señala que interior tiene como correspondiente *intimus,* que deriva de *intus*, cuyo plural femenino sería *intestina* (los intestinos) que abrigan el mismo significado, en este caso para designar una parte interior del cuerpo, las entrañas[57].

Por lo que hace a la confidencialidad, nos indica la misma fuente de cita precedente que es aquello que se hace con carácter de confidencial. Sobre lo confidencial se refiere:

"Confidencial. (De confidencia.). adj. Que se hace o se dice en confianza o con seguridad recíproca entre dos o más personas. Cara confidencial."[58]

La vida privada se entiende como la actividad realizada por cada individuo en su esfera personal y familiar que no está determinada para trascender en el ámbito social de manera directa. De este modo, se engloban los campos de las relaciones personales y familiares, tanto afectivas como de filiación, las creencias y filiación religiosa, las convicciones personales y políticas, las condiciones personales de salud, la propia identidad, las preferencias sexuales, incluso la situación financiera personal y familiar, las comunicaciones personales sustentadas a través de cualquier medio[59].

---

[56]   *Ibidem*, p. 1182.
[57]   Cfr. Lucrecio Rebollo, *El derecho fundamental a la intimidad,* p. 36.
[58]   Op. Cit., p. 583.
[59]   Cfr. Víctor Martínez, *Genética Humana y derecho a la vida privada,* en Genética Humana y derecho a la intimidad, p. 32.

La intimidad es el derecho de estos aspectos a no ser conocidos por los demás en ciertas áreas. Es un derecho al secreto, a que los demás no sepan lo que somos y lo que hacemos. La intimidad es el poder concedido a la persona sobre el conjunto íntimo, personal y familiar; poder que permite excluir a los extraños de entrometerse en él y de darle una publicidad que no se desea[60].

El derecho a la intimidad posee una intervención en la vida privada, en diversos círculos, como el familiar, de amistades que garantiza la protección de las intromisiones ajenas en dichas esferas.

De acuerdo con el Comité de Derechos Humanos de Naciones Unidas, en la observación general número 16 de 1988, al realizar la interpretación del artículo 17 del Pacto de Derechos Civiles y Políticos, considera que el derecho a la privacidad debe estar garantizado con respecto a toda injerencia y ataque, provengan de las autoridades, o de personas físicas o jurídicas.

Según el numeral en cita, se compele a los Estados miembros para adoptar medidas legislativas y anexas para lograr de modo fáctico la prohibición de las injerencias y ataques a la privacidad[61].

Para el Tribunal Europeo de Derechos Humanos, la vida privada es amplia, por ello estimó que sería limitativo circunscribirla a un círculo íntimo en el cual toda persona es capaz de excluir al mundo externo de ese círculo. Por el contrario, determinó que el respeto a la vida privada debía abarcar el derecho del individuo a anudar y desarrollar relaciones con sus semejantes.

De acuerdo con esto, se advierte que el referido Tribunal Europeo realiza una distinción entre vida privada e intimidad, o que al menos distingue entre diversos grados de intimidad dentro de la vida privada,

---

[60]   Cfr. Lorena Malpica, El derecho a la intimidad y el genoma humano, Estudios de derecho y bioética, p. 80.

[61]   Cfr. Carmona, Jorge Ulises, "Comentarios a la ejecutoria dictada con motivo del amparo en revisión número 2/2000", en Decisiones relevantes de la Suprema Corte de Justicia de la Nación, inviolabilidad de las Comunicaciones Privadas, p. 54.

que es un concepto de cierta amplitud y de mayor alcance del que tendría el de intimidad[62].

En términos generales, se observa que el derecho a la intimidad queda inscrito dentro del derecho más general de aquel a la privacidad. Dentro de este ámbito de restricción, existen diversas esferas de protección amparadas por el derecho a la intimidad, entre los que se ubicaría el de la protección de los datos genéticos, en razón de que entrañan el conocimiento de la constitución más íntima y propia de un ser humano, de allí que requiera de una salvaguarda especial; además, se requiere del consentimiento informado de aquella persona a quien se solicitare una muestra biológica de su cuerpo, que por consecuencia revelaría su intimidad genética.

Es así que ha quedado señalado que la intimidad genética, comprende los datos genéticos y como tal se encuentra amparado por el derecho a la intimidad, que es una parte conceptual del derecho a la privacidad.

La explicación que en el Derecho Mexicano se ha dado se dejará para la parte de la evolución histórica en México, pero que se advierte sigue en términos generales la idea de que el derecho a la privacidad es un concepto amplio que acoge al derecho a la intimidad.

4.1.- BREVE RESEÑA HISTÓRICA DE LA PRIVACIDAD Y LA INTIMIDAD

La privacidad e intimidad presentan un desarrollo histórico estrechamente relacionado con el desarrollo de la familia, razón por la cual la abordamos aquí, pues a fin de cuentas las pruebas en genética tienen como finalidad establecer la filiación entre los padres y sus respectivos hijos, pero encuentran en su camino el último bastión: la familia pequeño burguesa. Es decir, el derecho a la intimidad, defendido a ultranza, que ahora choca con el derecho de los niños a conocer a sus progenitores.

De allí la relevancia de poder dimensionar de forma histórica cómo se llegó a esta situación.

---

[62]   Cfr. Carlos Ruiz, *El derecho a la protección de la vida privada en la jurisprudencia del Tribunal Europeo de Derechos Humanos,* p. 34.

De esta manera, corren en paralelo la historia de la familia y la intimidad y privacidad que desembocarán en la problemática por señalar la filiación. Y es que la familia ha presentado una evolución interesante que a continuación presentamos para observar cómo de la poligamia, la poliandría y la supresión del derecho materno -que garantizaba una protección tanto a la mujer como a los hijos- culminaría con el dominio del derecho paterno y que pasaría a la familia sindiásmica.

Con esto se observa que el problema de la imputabilidad de la paternidad, principalmente, es inherente al origen del ser humano y que se ha ido agravando debido al cambio en las relaciones entre hombre y mujer. Tratar de encontrar una solución al eterno problema de la paternidad, que no es nuevo, pero en nuestros tiempos se pretende resolver por medio de la tecnología del ADN, representa una nueva forma de solucionar viejos problemas. De allí que se deba engarzar el tema de la familia con el de la privacidad, pues los reacios a aceptar la prueba genética de ADN, oponen su derecho a la privacidad y a la intimidad.

Por ello, observaremos esta relación indisoluble y que es la esencia de uno de tantos problemas de la humanidad, como sería el poder determinar la paternidad con garantía de certeza, que en nuestro tiempo las pruebas de ADN se jactan de poseer y que no se pueden entender sin estudiar de forma paralela a la familia y la privacidad e intimidad.

Así comenzamos por referir el hecho de que el ser humano se ha desarrollado a lo largo de tres épocas principales: salvajismo, barbarie y civilización.

En el salvajismo, el ser humano vive principalmente en árboles. El principal progreso del ser humano consiste en el lenguaje articulado. Se descubre el fuego y se inventan el arco y la flecha.

La época de la barbarie se caracteriza por la domesticación y cría de animales. Se presenta el desarrollo de las capacidades intelectivas condicionadas por la alimentación a través de la ingesta de carne y leche. Lo cual propicia gracias al consumo de proteínas el desarrollo del cerebro.

La época de la civilización desarrolla la industria propiamente dicha, y el arte.

En cuanto a las relaciones sociales de los seres humanos, encontramos que estos comenzaron a organizarse en tribus en las cuales imperaba el comercio sexual promiscuo. De acuerdo con esto, no existían los límites prohibitivos de ese comercio.

A la familia así constituida se le denominó consanguínea, es decir, que aquí los grupos conyugales se clasifican por generaciones: todos los abuelos y abuelas, en los límites de la familia, son maridos y mujeres entre sí; lo mismo acontece con sus hijos, es decir, los padres y las madres; los hijos de estos forman, el tercer vínculo de cónyuges comunes; y sus hijos, es decir, los biznietos, el cuarto.

En esta forma de la familia, los ascendientes y los descendientes, los padres y los hijos, son los únicos que están excluidos entre sí de los derechos y deberes del matrimonio.

Hermanos y hermanas, primos y primas en primero, segundo y restantes grados, son todos entre sí hermanos y hermanas, y por esto todos son maridos y mujeres unos de otros. El vínculo de hermanos y hermanas presupone de por sí en ese periodo el comercio carnal recíproco. Ejemplos de este tipo de familia se encontraron en la Polinesia[63].

La segunda forma de la familia es la denominada Punalúa. En esta forma de organización se excluyó a los padres y los hijos del comercio sexual recíproco, así como la exclusión de los hermanos.

Comenzó con la exclusión de hermanos uterinos por parte de la madre de forma aislada para pasar a ser una regla generalizada, y culminar con la prohibición del matrimonio colateral entre hermanos.

Se van separando las familias primitivas después de algunas generaciones. Ejemplos de esta forma familiar se encuentran en Hawai.

Existe el denominado derecho materno o matriarcado, es decir, que con arreglo del derecho materno, la descendencia sólo se contaba por línea femenina, y según la primitiva ley de herencia imperante, quienes heredaban eran los consanguíneos por línea materna.

La tercer forma de familia es la conocida como sindíasmica. Aquí la familia se reduce a su forma biatómica, es decir, se constituye por un hombre y una mujer.

---

[63]   Cfr. Federico Engels, *El origen de la familia, la propiedad privada y el Estado*, p. 34.

Se produce un cambio ahora que el hombre es el encargado del rebaño, comienza a acumular este, lo que le dará el derecho de decir quién será el heredero. Con ello se pone fin al matriarcado, con lo cual dará inicio el patriarcado.

De esa manera, a la muerte del propietario de los rebaños, éstos pasaban en primer lugar a sus hermanos y hermanas y a los hijos de estos últimos o a los descendientes de las hermanas y a los hijos de estos últimos o a los descendientes de las hermanas de su madre; en cuanto a sus propios hijos, se veían desheredados. El ejemplo típico se encuentra en la familia griega y romana.

Por otro lado, el que las personas conozcan a sus progenitores trae aparejadas consecuencias. Para Aristóteles, el hecho de que alguien diga "esto es mío", garantiza que los hijos sean atendidos del mejor modo posible[64].

Conforme con esta opinión se realiza una crítica a la idea de Platón sobre la propiedad en común, teniendo en ese contexto que los niños al ser de todos no son de nadie y no se les brindaría el mismo cuidado que los padres y madres prodigan a sus hijos.

De esta evolución familiar se aprecia que en un principio los seres humanos vivían en tribus donde la poliandría era el uso común entre las relaciones, esto significa que existía una mujer común para varios hombres.

También se conjetura que los seres humanos comenzaron a vivir en matrimonios por grupos.

Esto daba como resultado el que se desconociera quien era el padre, pero no quedaba duda de quién era la madre.

Después se va avanzando en formas de exclusión que permiten determinar quién es el padre, en su forma más acabada que es la monogamia, aunque actualmente para determinar quién es el padre, que es lo que ocurre en la mayoría de los casos, para excluir la misma, una incriminación no es suficiente, ya que se requieren de pruebas sólidas, como las de ADN.

---

64   Cfr. Aristóteles, *Política*, p. 175.

Con esto queda asentado el problema inherente al ser humano que vive en grupo, es decir, el determinar quién es el padre de una forma certera.

Ahora observaremos, en forma general, la posición de lo privado y la intimidad de una manera que se pudiese denominar universal.

Entre los griegos se presenta una distinción entre lo privado y lo social. No se aprecia una libertad con respecto a una independencia personal. Los atenienses eran libres porque se gobernaban a sí mismos colectivamente, aunque carecían de independencia personal y libertades civiles, y se esperaba que sacrificasen sus placeres por el bien de la polis[65].

En tiempos más contemporáneos la familia individual moderna se funda en la esclavitud doméstica franca o más o menos disimulada.

Aparece la publicación del opúsculo de Samuel Warren y Louis Brandeis, en la revista *Harvard Law Review,* en el cual los autores sostienen el nacimiento de una nueva forma de derecho que escapa a la protección tradicional que se venía reconociendo hasta ese entonces.

Para ellos, como evolución natural del *common law,* siempre atento a brindar protección al individuo en su persona y bienes, comenzó por reconocer primero la protección en contra de la vida y los bienes; después, el reconocimiento de la naturaleza espiritual.

En un momento posterior, se amplió la protección al derecho a no ser molestado, que se entendía como la garantía a practicar los derechos subjetivos de que se es titular. Para el tiempo en que escribieron el artículo, el *common law,* ya garantizaba a cada persona el derecho a decidir hasta qué instancia podían autorizar la comunicación de sus pensamientos, sentimientos y emociones a otros. No pudiéndose obligar a nadie a expresarlos, a excepción de cuando se tuviese la calidad de testigo.

Asimismo, existe una diferencia entre el derecho de propiedad, en su vertiente de derecho de autor y el de intimidad.

En algún momento, se estimó, como en el caso de *Prince Albert v Strange* que las reglas del *common law* no solamente proscribían la

---

[65]   Cfr. Kymlicka, Will, *Filosofía política contemporánea. Una introducción,* p. 273.

reproducción de los aguafuentes que el demandante y la Reina Victoria habían hecho para su disfrute personal, sino también la publicación de una descripción de éstos, aun cuando no se tratase de copias del original, ya fuese de una forma más o menos limitada o resumida.

En otro caso, en la convicción de que la idea de propiedad, en su sentido restringido, era el fundamento para proteger manuscritos inéditos, los tribunales desestimarían varios casos contra la publicación de cartas privadas basándose en que las cartas al no poseer características de las obras literarias, no constituyen una propiedad susceptible de amparo. Resultaba ostensible que el demandante no podía haber considerado que las epístolas guardasen algún valor como obras literarias.

Sin embargo, como en el caso descrito de *Prince v Strange,* en *Vice-Chancellor Knight Bruce,* cuando se habló de publicaciones de un individuo que había escrito a personas particulares o sobre asuntos personales, se hacía referencia a ellas como un ejemplo de revelaciones posiblemente ofensivas, al tratarse de asuntos privados, y que las cortes debían impedir[66].

De esta manera, se observa que se deslindó el derecho a la privacidad del derecho a la propiedad, ya que podía aparejar ofensas a los afectados.

De acuerdo con Hegel, cuando explica que las leyes expresan las determinaciones de contenido de la libertad objetiva.

Dichas determinaciones, en primer término, expresan para el sujeto inmediato, para cuyo albedrío autosuficiente e interés particular las leyes son limitaciones.

Sin embargo, las leyes son, en segundo término, fin absolutamente último y la obra universal; por ello se producen mediante las funciones de los diversos estamentos (que desde la particularización general se singulariza aún más) y mediante todas las actividades y cuidados privados de los singulares; en tercer lugar, las leyes son la sustancia de la voluntad de los individuos y de su talante; se exponen como costumbre ética vigente[67].

---

[66]   Cfr. Warren, Samuel y Brandeis, Louis, *El derecho a la intimidad,* trad. Benigno Pendás y Pilar Baselga, Madrid, España, Editorial Civitas, 1995, p. 13-47.
[67]   Cfr. Hegel, G. W. F., *Enciclopedia de las ciencias filosóficas,* p. 554.

De igual modo Hegel explica, refiriéndose a la libertad, que la misma tiene dos sentidos uno negativo y otro afirmativo.

El primero se refiere al oponerse al arbitrio ajeno y al tratamiento ilegal; mientras que el sentido afirmativo se refiere a la libertad subjetiva y a la misma se le concede un amplio margen de acción: puede ser para el arbitrio propio y para la actividad en favor de los fines particulares, sea para todo aquello que atañe a la propia opinión y a las ocupaciones y participación en los asuntos comunes.

Para Hegel la ley es la que faculta el hacer o no hacer, dejando en su opinión un campo muy amplio para la actividad subjetiva de los particulares, consistente en la opinión y demás ocupaciones privadas.

Hegel indica que la vida ética es la idea de la libertad. Sostiene que la vida ética se desarrolla en el mundo externo y en la naturaleza de la propia conciencia. En este contexto, la familia viene a ser el tipo de relación ética. De acuerdo con esto, la familia es monógama debido a que la pareja se identifica en una relación para integrar una personalidad como un ser atómico nuevo[68].

En el Liberalismo, cuando el Estado deja a las personas en una perfecta independencia en su vida privada, no las deja aisladas, sino más bien libres para que formen y mantengan asociaciones y agrupaciones.

La libertad para los liberales clásicos se basaba en la unión del hombre con el hombre, sin embargo, creían que la unión de los hombres que surgiese de las asociaciones libres en la sociedad civil resultaba más auténtica, y más libre, que la forzada, propia de las asociaciones políticas.

El ideal liberal de la vida privada no era el de proteger al individuo contra la sociedad, sino el de liberar a la sociedad de la interferencia política. Es la libertad de la sociedad la que exige y justifica la limitación de la autoridad política. La libertad pertenece al reino de lo social, y la fuerza o la violencia pasan a ser monopolio del gobierno.

A su vez, existe una segunda distinción que separa lo personal o lo íntimo de lo social, y en donde lo social incluye tanto al Estado como a la sociedad. Distinción que surge entre los románticos y no

---

[68]   Cfr. Hegel. G.W.F., *Philosophy of Right*, p. 115.

entre los liberales: En parte surgió en oposición a la exaltación liberal de la sociedad.

En este aspecto, mientras que para los liberales la sociedad representa la esfera básica de la libertad personal, los románticos se esforzaron en exaltar los efectos de la conformación social sobre la individualidad.

Sobre la individualidad, para los románticos, resultaba amenazada no sólo por la coerción política, sino también por la presión de los objetivos de la sociedad.

Para los románticos, lo privado significa una separación con respecto de la existencia mundana. Una separación que se asocia con el propio crecimiento de la persona, con la expresión de sí, y con la creación artística.

En el pensamiento liberal clásico, por el contrario, lo privado se refiere a la sociedad, no al retiro hacia lo personal; y la sociedad constituye el dominio de la actividad racional libre más que de la libertad de expresarse.

El liberalismo protege esta esfera restringiendo el ejercicio del poder del gobierno por medio de una definición de libertades civiles.

El romanticismo puro y el liberalismo convencional no difieren solo en cuanto a sus nociones acerca de la vida privada, sino también en cuanto a sus motivaciones para fijar una esfera privada privilegiada.

Los románticos incluyen la vida en sociedad en la esfera social porque los lazos de la sociedad, aunque son lazos no políticos, continúan vinculando a los individuos al juicio y a la posible censura de los demás.

La presencia de otros puede resultar desorientadora, desconcertante o agotadora. En opinión de los románticos, los individuos necesitan tiempo para sí mismos, lejos de la vida social, para la meditación, para probar prácticas impopulares, regenerar fuerzas y alimentar relaciones íntimas. Acerca de estas cuestiones la vida social puede resultar tan exigente como la política.

De hecho, la intimidad actual en su función más relevante, que es la de dar refugio a la vida interior, fue descubierta no como opuesta a la esfera política, sino como opuesta a la vida social. Por lo tanto, los románticos consideraron sociales todas las asociaciones con otros, salvo las relaciones íntimas como la amistad o el amor.

Kymlicka encuentra que la importancia de la intimidad, atribuible a los románticos, coincidió con los temores liberales respecto del poder coercitivo que los grupos ejercen sobre sus propios miembros y con la presión más generalizada a favor de la uniformidad social. Contra ella, ni la pluralidad de asociaciones ni el mercado de las ideas supusieron una protección adecuada.

Como resultado, el liberalismo moderno no sólo tiene la preocupación de proteger la esfera privada, sino también por aislar un espacio dentro de la esfera privada donde los individuos puedan tener intimidad.

En la actualidad, para los liberales, la vida privada significa, tanto una participación en las instituciones civiles de la sociedad, como un refugio personal con respecto a aquella vida social ordenada, en la que los románticos ponían tanto énfasis.

Por otro lado, esta segunda versión de la distinción liberal entre lo social y lo privado se plantea y discute en su manifestación legal, como derecho a la intimidad.

De lo anteriormente anotado podemos comentar que las posturas se orientan a poner de manifiesto que la vida privada ha presentado una evolución de lo social. Desde los griegos donde se sacrificaba lo privado en pos de lo social, para después dar un cambio con los liberales, donde los papeles se invirtieron y lo privado pasó a regir por encima de lo público, mediante los límites al gobierno. Desemboca en la intimidad, postulada por los románticos; ámbito que se vino a afianzar como el bastión de los individuos donde nadie tiene derecho a interferir y que comprende; además, de la visión liberal, aquella que envuelve la cosmovisión de los románticos, es decir, las relaciones íntimas, las familiares, el reposo, las costumbre, a fin de cuentas un espacio que nadie tiene derecho a censurar. Es justo aquí en donde se unen la breve historia de la familia que apuntábamos y la intimidad frente a la prueba genética.

En virtud de que una persona puede ser sujeta a una prueba de paternidad en ADN, para asegurar que esa eterna necesidad de certidumbre por saber de quién son los hijos dentro de la familia que ya caracterizamos a través del desarrollo y evolución de la misma y que vino a significar la debacle del derecho materno en favor del paterno y la posterior organización de la familia en el ámbito de propiedad del padre, tenga una efectiva aplicación.

Actualmente ante la prueba de ADN posiblemente estemos en presencia de un retorno del derecho materno o más bien del derecho de los descendientes, ya que las leyes tanto federales como locales del Distrito Federal, la Constitución de Sinaloa y la Convención sobre los derechos del niño, les otorgan la prerrogativa para conocer su origen genético y a su familia. Aunque contra este pretendido derecho, pueda imponerse por otro lado, de forma velada y oscura ese derecho a la intimidad y que por otro lado bien podría dejar inoperante la prueba en genética.

4.2.- RESEÑA HISTÓRICA DE LA PRIVACIDAD Y LA INTIMIDAD EN CUANTO A SU RECONOCIMIENTO EN EL DERECHO

Comienza su recorrido histórico en la Edad Media, con la Carta del Convenio entre el rey Alfonso I de Aragón y los moros de Tudela en 1119, en el cual se prohibía a los cristianos a entrar en casa de moros ni a sus huertos mediante la fuerza[69], en los decretos de 1188 otorgados en la curia de León, por Alfonso IX, León y Galicia, en el punto 11 indicaba que ni él ni nadie entraría a la casa de otro por la fuerza, ni haría ningún daño en ella o en su heredad. Además, señalaba que si el dueño o dueña o alguien de los que defienden su casa matara a alguno de aquéllos, no sería castigado por homicidio y nunca respondería del daño que hubiese infligido[70]. Posterior a éste, el siguiente antecedente es el denominado *Concilium Regni Nostri[71], de 1215*, en Inglaterra, resultado de las pugnas de los reyes con los barones y prelados que frecuentemente, realizaban exigencias de que sus derechos fueran reconocidos por aquéllos a través de "cartas"[72], siendo la más conocida la mencionada con anterioridad y conocida con el nombre de Carta Magna, que fue impuesta a Juan sin Tierra. Entre sus puntos más trascendentales se encuentran:

---

[69]   Cfr. González-Trevijano, Pedro, *La inviolabilidad del domiclio*, p. 30.
[70]   Cfr. Rodríguez y Rodríguez, José, "Inviolabilidad del domicilio", en *Enciclopedia jurídica mexicana*, p. 694-695.
[71]   López Monroy, José de Jesús, *Sistema jurídico del Common Law*, p. 14.
[72]   Gamas Torruco, José, *Derecho Constitucional Mexicano*, p. 37.

"En primer término el documento dice consagrar una Iglesia de Inglaterra que "sea libre, y conserve todos sus derechos y no menoscabe sus libertades . . . " y luego enseguida dice "otorgar libertad de elecciones en la Iglesia de Inglaterra", lo que significó que el documento considera a la Iglesia como un señorío feudal en lo que se refiere a su aspecto temporal. Los artículos seis y doce establecieron la simiente de un desarrollo parlamentario, pues el primero regula que el matrimonio debe celebrarse entre personas de la misma categorías, señalando además en los artículos siete y ocho, que aunque la viuda ente en posesión de la dote no podrá ser obligada a contraer matrimonio mientras no lo desee", y el artículo doce dice que "no se impondrá en nuestro reino ningún auxilio ni impuesto por servicio de armas sin el Consejo de Nuestro Reino".

Por otro lado otorga a los hombre libres los mismos derechos que gozaba la aristocracia, o sea, no se le podrá imponer un castigo, "sino mediante juramento de hombres buenos de la vecindad", dando base al desarrollo del Common Law.

En este orden de ideas, es más específico el artículo treinta y siete: "ningún hombre libre podrá ser detenido, ni preso, ni desposeído de sus bienes, ni declarado fuera de la ley, ni desterrado, ni perjudicado en cualquier otra forma, ni procederemos, ni ordenaremos proceder contra él, sino en virtud de un juicio legal por sus pares o por la ley del país"[73].

Si bien en este documento no se establece de forma clara el derecho a la privacidad e intimidad, el artículo treinta y siete contiene los fundamentos de este derecho, al señalar la garantía de no ser detenido, preso, ni desposeído de sus bienes o perjudicado en cualquier forma.

---

[73]   López Monroy, José de Jesús, *ibidem*, p. 15.

En la propia Inglaterra se emitiría el caso Wilkes, de 1763, en donde se establecía el peligro de las órdenes generales para entrar por la fuerza a la casa de las personas, ya que de reconocerse dicha facultad correría riesgo la libertad del ciudadano tanto en su persona como en sus bienes.

Retomando ahora un poco la evolución constitucional y cómo se ha garantizado el derecho a la privacidad e intimidad. Aparece en escena la primer Constitución escrita, nos referimos a la Constitución de los Estados Unidos de América, de 1787. Aunque no hace una referencia explícita, podría entenderse como implícita en el artículo tercero, segunda sección, apartado 3, ya que señala la necesidad de una ley emitida, como ordenaba en su momento, la Carta Magna de 1215. Así la Constitución Norteamericana señala:

> "3.- Todos los delitos serán juzgados por medio de un jurado excepto en los casos de acusación por responsabilidades oficiales, y el juicio de que se habla tendrá lugar en el Estado en que el delito se haya cometido; pero cuando no se haya cometido dentro de los límites de ningún Estado, el juicio se celebrará en el lugar o lugares que el Congreso haya dispuesto por medio de una ley"[74].

Mediante las diez primeras enmiendas *Bill of rights* de la Constitución de los Estados Unidos de América de 1791, se realizará un reconocimiento a lo que en épocas más modernas se conocerán como los derechos a la privacidad e intimidad. Así la cuarta enmienda, señala:

> "El derecho de los habitantes de que sus personas, domicilios, papeles y efectos se hallen a salvo de pesquisas y aprehensiones arbitrarias, será inviolable, y no se expedirán al efecto mandamientos que no se apoyen en un motivo verosímil, estén corroborados mediante juramente o protesta y describan con particularidad el lugar que deba ser

---

74   Márquez Rabago, Sergio, *Evolución Constitucional Mexicana,* p. 13.

registrado y las personas o cosas que han de ser detenidas
o embargadas"[75].

El siguiente documento en importancia, en esta línea histórica viene
a ser la Declaración de los Derechos del Hombre y del Ciudadano de
1789. Como indica Sergio Márquez Rábago, con la revolución francesa
se logra cristalizar la trilogía ideológica:

> "que permite reconocer la esencia de la naturaleza
> humana: libertad, igualdad, fraternidad; las causas de la
> Revolución Francesa terminan con la idea del origen divino
> e incuestionable de gobernantes, y se pueden dividir en
> políticas, sociales y económicas. En las causas políticas se
> implica la excesiva concentración de poder en el monarca,
> lo que llevó a decir a Luis XIV de Francia El Estado soy
> yo; esto aunado a un desinterés por el destino y bienestar
> de su pueblo, provocó el descontento general. Después de
> la cúspide del absolutismo en Luis XVI, casado con María
> Antonieta de Austria, eventualmente requirió de un apoyo
> extraordinario de su pueblo a fin de solventar problemas
> económicos, por ello, convoca a los Estados Generales a
> fin de solicitarles su apoyo. El primo del monarca Felipe de
> Orleans, aprovechó dicha situación para hacer recaer todos
> los males del Estado en la monarquía absoluta . . . "[76].

Las causas de tipo social encuentran una época de esplendor con
escritores como Denis Diderot, Voltaire, Charles Louis de Secondant,
Señor de Brède y Barón de Montesquieu, Emmanuel-Joseph Sieyes,
John Locke, entre otros, quienes se encargarán de delimitar conceptos
revolucionarios como: voluntad general, representación política, división
del poder público, elección de gobernantes, etc., lo que permite establecer
un nuevo sistema de Estado y gobierno[77].

---

[75] Ibidem, p. 17.
[76] Ibidem, p. 27.
[77] Ibidem, p. 28.

El 26 de agosto de 1789 se expediría la *Declaración de los Derechos del hombre y del Ciudadano*, donde se garantiza, como hemos venido indicando, los fundamentos del derecho a la privacidad e intimidad, de este modo, el artículo segundo, el artículo cuarto y quinto indican:

"Artículo 2°.- La finalidad de toda asociación política es la conservación de los derechos fundamentales e imprescriptibles del hombre. Tales derechos son la libertad, la propiedad, la seguridad y la resistencia a la opresión.

Artículo 4°.- La libertad consiste en poder hacer todo aquello que no perjudique a otro, por eso, el ejercicio de los derechos naturales de cada hombre no tiene otros límites que los que garantizan a los demás miembros de la sociedad el goce de esos mismos derechos. Tales límites sólo pueden ser determinados por la ley.

Artículo 5°.- La ley sólo tiene derecho a prohibir los actos perjudiciales para la sociedad. Nada que no esté prohibido por la ley puede ser impedido, y nadie puede ser constreñido a hacer algo que ésta no ordene".

Con los documentos precedentes queda apuntado de modo general, el origen y evolución, del incipiente derecho a la privacidad y a la intimidad a nivel mundial. Reviste importancia la mención que antecede toda vez que esos mismos ideales, que se materializarían en preceptos constitucionales y declaraciones. Se verán reflejados en textos constitucionales de otros países.

Una vez que se ha observado de forma breve la manera en que la familia evolucionó de la promiscuidad más absoluta en donde las relaciones familiares no conocían ningún tipo de freno para las relaciones carnales a su interior, pasando por su gradual prohibición en el acceso carnal para conocer el origen de los padres, hasta la monogamia. Fenómeno que es universal, salvo excepciones culturales, como la poligamia autorizada bajo ciertas condiciones en el Islam o de ciertas culturas del Pacifico que aún viven prácticamente como en las primeras etapas del desarrollo de la familia.

México se circunscribe en esta forma tradicional de la organización de la familia, es decir, la monógama, pero como desde el comienzo de la historia de la misma, en que era difícil asegurar quién era el padre debido a la promiscuidad sexual y a la poliandría, ahora esa dificultad se actualiza bajo la forma de que, con la monogamia, a pesar de que se puede llegar a saber quién es el presunto padre, se tiene la tribulación de que se debe de probar dicho aserto, y esto será tarea de la prueba genética de ADN.

Una vez que hemos señalado la posición de México en cuanto a la familia, en términos muy generales, toca observar cómo el derecho a la privacidad e intimidad pueden o no volver inoperante la prueba genética para determinar la paternidad.

Por lo que ahora es momento de observar cómo se fue presentando a nivel constitucional dicho derecho a la privacidad y a la intimidad en nuestro país.

4.3.- EL DERECHO A LA PRIVACIDAD E INTIMIDAD EN MÉXICO

En México observaremos la forma en que las diversas constituciones y la jurisprudencia del Poder Judicial Federal han señalado respecto de este tema.

A.- CONSTITUCIÓN DE 1812

Sobre los preceptos de esta Constitución, que contienen los fundamentos de lo que se conocerá por derecho a la privacidad y a la intimidad.

El artículo cuarto señalaba que la Nación estaba obligada a conservar y proteger por leyes sabias y justas la libertad civil, la propiedad y los demás derechos legítimos de todos los individuos que la componen.

El artículo 172 de la Constitución de Cádiz, observa en la Décima, la restricción al rey, su imposibilidad de tomar la propiedad de ningún particular ni corporación, ni turbarle en la posesión, uso y aprovechamiento de ella se agrega que en caso de la utilidad pública. Se debe de proporcionar una indemnización. De este modo, se comprende todo tipo de propiedad, no solo los inmuebles.

Esta postura que se refuerza, con la redacción del artículo 306, puesto que indica que no podría ser allanada la casa de ningún español, sino en los casos que determinase la ley para el buen orden y seguridad del Estado.

B. CONSTITUCIÓN DE APATZINGÁN DE 1814

El artículo treinta y dos establecía: las casas de cualquier ciudadano son un asilo inviolable. Sólo se podrá entrar en ella cuando un incendio, una inundación, o la reclamación de la misma casa haga necesario este acto. Para los objetos de procedimiento criminal deberán preceder los requisitos prevenidos por la ley.

En el artículo treinta y tres se establecía: las execusiones civiles y visitas domiciliarias solo deberán hacerse durante el día, y con respecto a la persona, y objeto indicado en el acta que mande la visita y la execusión.

El artículo treinta y cuatro prescribía: todos los individuos de la sociedad tienen derecho a adquirir propiedades y disponer de ellas a su arbitrio con tal de que no contravengan a la ley.

Finalmente, entre las facultades del supremo gobierno, el artículo ciento sesenta y cinco señalaba el hacer que se observaran los reglamentos de policía. Mantener expedita la comunicación interior y exterior: y proteger los derechos de la libertad, propiedad, igualdad, y seguridad de los ciudadanos, usando de todos los recursos que le franquearán las leyes.

C. CONSTITUCIÓN DE 1824

Entre los puntos trascendentales, de la Constitución de 1824, respecto del derecho a la privacidad e intimidad, figuran los artículos 112 y 152.

En el primer artículo de referencia, se establecían las restricciones de las facultades del presidente, y en el punto tercero se asentaba que el Presidente no podría ocupar la propiedad de ningún particular ni corporación, ni turbarle en la posesión, uso o aprovechamiento de ella.

Si en algún caso fuere necesario para un objeto de conocida utilidad general tomar la propiedad de un particular o corporación, no lo podría hacer sin previa aprobación del Senado, y en sus recesos, del consejo de gobierno, indemnizando siempre a la parte interesada a juicio de hombres buenos elegidos por ella y el gobierno.

El artículo 152 en tanto señalaba que ninguna autoridad podría librar orden para el registro de las casas, papeles y otros efectos de los habitantes de la república, si no era en los casos expresamente dispuestos por ley y en la forma que esta lo determinara.

D. CONSTITUCIÓN DE 1836.

En la referida Constitución el derecho a la privacidad y a la intimidad delinearán en mucho los modernos bajo la forma del actual Artículo 16 constitucional. Se encuentra en los artículos segundo fracciones lll y IV, de la primera ley, que asentaba que eran derechos del mexicano, no poder ser privado de su propiedad, ni del libre uso y aprovechamiento de ella en todo ni en parte.

Cuando algún objeto de general y pública utilidad exigía lo contrario, podría verificarse la privación, si la tal circunstancia era calificada por el Presidente y sus cuatro ministros en la capital, por el gobierno y junta departamental en los Departamentos y el dueño, sea corporación eclesiástica o secular, sea individuo particular, previamente indemnizado a tasación de los peritos, nombrado el uno de ellos por él, y según las leyes el tercero en discordia caso de haberla. Indicándose que la calificación podría ser reclamada por el interesado ante la Suprema Corte de Justicia en la capital, y en los Departamentos ante el superior tribunal respectivo.

También se encuentran referencias en el artículo 4º que establecía que los mexicanos gozaban de todos los otros derechos civiles, y tendrían todas las demás obligaciones del mismo orden que establezcan las leyes.

En la tercera ley, en el artículo cuarenta y cinco, respecto a las prohibiciones expresas al Congreso, en las fracciones lll y IV guardan garantías para los gobernados, en el sentido de privar de su propiedad directa ni indirectamente a nadie, sea individuo, sea corporación eclesiástica o secular.

A la ley sólo corresponde en esta línea establecer, con generalidad, contribuciones o arbitrios y privar, ni aún suspender a los mexicanos de sus derechos declarados en las leyes constitucionales. En la quinta ley artículo 45 establecía que ningún preso podría sufrir embargo alguno en sus bienes, sino cuando la prisión fuera por delitos que trajeran de suyo responsabilidad pecuniaria, y entonces sólo se verificaría en los suficientes para cubrirla.

E. CONSTITUCIÓN DE 1857.

Entre el articulado, relacionado con los derechos de privacidad e intimidad, que se observa en la Constitución de 1857 el contenido del artículo primero que indica que el pueblo mexicano reconoce que los derechos del hombre son la base y el objeto de las instituciones sociales. En consecuencia declara: que todas las leyes y todas las autoridades del país, deben respetar y sostener las garantías que otorga la presente Constitución.

Por su parte en el artículo 16 se señalaba que nadie podía ser molestado en su persona, familia, domicilio, papeles y posesiones, sino en virtud de mandamiento escrito de la autoridad competente, que funde y motive la causa legal del procedimiento. En el caso de delito *infraganti*, toda persona podía aprehender al delincuente y a sus cómplices, poniéndolos, sin demora a disposición de la autoridad competente.

Mientras que en el numeral 25 se hacía referencia a que la correspondencia que bajo cubierta circulara por las estafetas estaría libre de todo registro. La violación de esta garantía se consideraba como un atentado que la ley castigaría severamente.

Por lo que hace al artículo 27 indicaba que la propiedad de las personas no podía ser ocupada sin su consentimiento, sino por causa de utilidad pública y previa indemnización. A su vez, la ley determinaría la autoridad que debía hacer la expropiación, y los requisitos con que ésta había de verificarse.

De las constituciones antes señaladas, se observa que la que más se acerca al sentido que se le asigna al derecho de privacidad e intimidad en nuestros tiempos, es esta de 1857, por la redacción que se conservará en la de 1917.

F. CONSTITUCIÓN DE 1917.

De la Constitución de 1917 encontramos dentro del articulado relativo al derecho a la privacidad e intimidad, el Artículo 16, que establecía, conforme al texto original, que nadie podía ser molestado en su persona, familia, domicilio, papeles o posesiones, sino en virtud de mandamiento escrito de la autoridad competente que funde y motive la causa legal del procedimiento.

Con respecto a este artículo dieciséis constitucional, se han presentado una serie de reformas que se citan a continuación:

"Artículo 16. nadie puede ser molestado en su persona, familia, domicilio, papeles o posesiones, sino en virtud de mandamiento escrito de la autoridad competente, que funde y motive la causa legal del procedimiento.

[Reformado mediante decreto publicado en el Diario Oficial de la Federación el 03 de septiembre de 1993]

Las comunicaciones privadas son inviolables. La ley sancionará penalmente cualquier acto que atente contra la libertad y privacía de las mismas. Exclusivamente la autoridad judicial federal, a petición de la autoridad federal correspondiente, podrá autorizar la intervención de cualquier comunicación privada. Para ello, la autoridad competente, por escrito, deberá fundar y motivar las causas legales de la solicitud, expresando además, el tipo de intervención, los sujetos de la misma y su duración. La autoridad judicial federal no podrá otorgar estas autorizaciones cuando se trate de materias de carácter electoral, fiscal, mercantil, civil, laboral o administrativo, ni en el caso de las comunicaciones con su defensor.

[Adicionado mediante decreto publicado en el DOF el 3 de julio de 1996].

Las intervenciones autorizadas se ajustarán a los requisitos y límites previstos en las leyes. Los resultados de las intervenciones que no cumplan con éstos, carecerán de todo valor probatorio.

[Adicionado mediante decreto publicado en el DOF el 3 de julio de 1996]

La correspondencia que bajo cubierta circule por las estafetas estará libre de todo registro, y su violación será penada por la ley.

[Adicionado mediante decreto publicado en el DOF el 3 de febrero de 1983. Modificado por la reimpresión de la Constitución, publicada en el DOF el 6 de octubre de 1986]"[78].

Por otro lado, se publicó el decreto, en el Diario Oficial de la Federación, de fecha 18 de junio de 2008, el que se reforman una serie de artículos constitucionales, entre los que se encuentra el artículo dieciséis, que respecto al derecho a la privacidad e intimidad vendría a quedar como sigue:

"Artículo 16. Nadie puede ser molestado en su persona, familia, domicilio, papeles o posesiones, sino en virtud de mandamiento escrito de la autoridad competente, que funde y motive la causa legal del procedimiento.

---

[78] *Los Derechos del Pueblo Mexicano, México a través de sus Constituciones*, p. 724-725.

Las comunicaciones privadas son inviolables. La ley sancionará penalmente cualquier acto que atente contra la libertad y privacía de las mismas, excepto cuando sean aportadas de forma voluntaria por alguno de los particulares que participen en ellas. El juez valorará el alcance de éstas, siempre y cuando contengan información relacionada con la comisión de un delito. En ningún caso se admitirán comunicaciones que violen el deber de confidencialidad que establezca la ley.

Exclusivamente la autoridad judicial federal, a petición de la autoridad federal que faculte la ley o del titular del Ministerio Público de la entidad federativa correspondiente, podrá autorizar la intervención de cualquier comunicación privada. Para ello, la autoridad competente deberá fundar y motivar las causas legales de la solicitud, expresando además, el tipo de intervención, los sujetos de la misma y su duración. La autoridad judicial federal no podrá otorgar estas autorizaciones cuando se trate de materias de carácter electoral, fiscal, mercantil, civil, laboral o administrativo, ni en el caso de las comunicaciones del detenido con su defensor

Las intervenciones autorizadas se ajustarán a los requisitos y límites previstos en las leyes. Los resultados de las intervenciones que no cumplan con éstos, carecerán de todo valor probatorio.

La autoridad administrativa podrá practicar visitas domiciliarias únicamente para cerciorarse de que se han cumplido los reglamentos sanitarios y de policía; y exigir la exhibición de los libros y papeles indispensables para comprobar que se han acatado las disposiciones fiscales, sujetándose en estos casos, a las leyes respectivas y a las formalidades prescritas para los cateos.

La correspondencia que bajo cubierta circule por las estafetas estará libre de todo registro, su violación será penada por la ley.

En tiempo de paz ningún miembro del Ejército podrá alojarse en casa particular contra la voluntad del dueño, ni imponer prestación alguna. En tiempo de guerra los militares podrán exigir alojamiento, bagajes, alimentos y otras prestaciones, en los términos que establezca la ley marcial correspondiente"[79].

De la transcripción precedente, podemos señalar que se conserva la mayor parte de la redacción del artículo 16, con excepción de que se agrega lo relativo al deber de confidencialidad, en caso de delito. Y por lo que hace a la materia de privacidad e intimidad, que es la que nos importa en este trabajo.

Se deja en claro, la voluntad de seguir respetando el derecho a la privacidad y la intimidad, y por tanto de extender la interpretación que sobre la privacidad y la intimidad ha sostenido la Suprema Corte, claro hasta que otra ejecutoria cambie su sentido. Lo anterior es así, ya que a pesar de tratarse de una reforma, al seguir utilizando los mismos conceptos el criterio de la Corte sigue siendo válido.

La explicación de la privacidad y la intimidad que habíamos reservado al principio del capítulo ahora será abordada. La Corte entiende que se trata de dos derechos distintos. Así, la vida privada comprende a la intimidad. El ámbito de lo privado viene a ser una esfera de la cual se excluye a los demás individuos y que se configura con los extremos más personales de la vida y del círculo familiar. En tanto, la intimidad deviene en lo radicalmente vedado, lo más personal. Lo anterior de acuerdo con el criterio aislado de la Primera Sala de la Suprema Corte de Justicia de

---

[79] *Decreto por el que se reforman y adicionan diversas disposiciones de la Constitución Política de los Estados Unidos Mexicanos, http://dof.gob.mx/ nota_detalle.php?codigo=5046978&fecha=18/06/2008.* Consultado el 10/ julio/2008.

la Nación, identificable bajo el rubro Vida privada e intimidad. Si bien son derechos distintos, ésta forma parte de aquélla.

"La vida se constituye por el ámbito privado reservado para cada persona y del que quedan excluidos los demás, mientras que la intimidad se integra con los extremos más personales de la vida y del entorno familiar, cuyo conocimiento se reserva para los integrantes de la unidad familiar. Así, el concepto de vida privada comprende a la intimidad como el núcleo protegido con mayor celo y fuerza porque se entiende como esencial en la configuración de la persona, esto es, la vida privada es lo genéricamente reservado y la intimidad -como parte de aquélla- lo radicalmente vedado, lo más personal; de ahí que si bien son derechos distintos, al formar parte uno del otro, cuando se afecta la intimidad, se agravia a la vida privada[80].

Por otro lado, el derecho a la privacidad o intimidad, de acuerdo con la Segunda Sala de la Suprema Corte de Justicia de la Nación, en una tesis aislada, sostuvo que se encuentra consagrado en el Artículo 16, párrafo primero, de la Constitución Política de los Estados Unidos Mexicanos. Cuando refiere que dicho artículo no solo hace referencia a la inviolabilidad del domicilio, cuya finalidad es el respeto a un ámbito de la vida privada personal y familiar que debe quedar excluido del conocimiento ajeno y de las intromisiones de los demás. Además, la referida garantía puede extenderse a una protección más amplia que la del domicilio, que deriva en un derecho a la intimidad o vida privada de los gobernados el cual abarca las intromisiones o molestias que puedan realizarse en ese sentido reservado de la vida. De acuerdo con la tesis identificable bajo el rubro Derecho a la privacidad o intimidad. Está protegido por el artículo 16, primer párrafo, de la Constitución Política de los Estados Unidos Mexicanos", de acuerdo con la cita que a continuación se ofrece:

---

[80] Tesis 1ª CXLIX/2007, Semanario Judicial de la Federación y su Gaceta, Novena Época, t. XXVI, julio de 2007, p. 2007.

"Dicho numeral establece, en general, la garantía de seguridad jurídica de todo gobernado a no ser molestado en su persona, familia, papeles o posesiones, sino cuando medie mandato de autoridad competente debidamente fundado y motivado, de lo que deriva la inviolabilidad del domicilio, cuya finalidad primordial es el respeto a un ámbito de la vida privada personal y familiar que debe quedar excluido del conocimiento ajeno y de las intromisiones de los demás, con la limitante que la Constitución Política de los Estados Unidos Mexicanos establece para las autoridades. En un sentido amplio, la referida garantía puede extenderse a una protección que va más allá del aseguramiento del domicilio como espacio físico en que se desenvuelve normalmente la privacidad o la intimidad, de lo cual deriva el reconocimiento en el artículo 16, primer párrafo, constitucional, de un derecho a la intimidad o vida privada de los gobernados que abarca las intromisiones o molestias que por cualquier medio puedan realizarse en ese ámbito reservado de la vida"[81].

De ambas tesis, se desprende que: de la primera, emitida por la Primera Sala, se hace una diferenciación entre derecho a la vida privada y derecho a la intimidad, ya que el segundo forma parte de lo privado, y lo privado excluye a las demás personas. En tanto, la intimidad integra los extremos personales y el entorno familiar. Por otro lado, para la segunda tesis, emitida por la Segunda Sala, la vida privada o intimidad comprenden todo tipo de molestias e intromisiones en ese ámbito de la vida no solo las relativas al domicilio.

A su vez, el derecho a la intimidad y privacidad se extiende a los menores, ya que cuando en un juicio se dicta una determinación que pudiese agravar sus intereses, como la pericial en materia ginecológica que de forma indefectible requiera desahogarse previa exploración física de una menor adolescente, es patente que se afectan derechos de intimidad y privacidad. Lo anterior según la tesis aislada del Segundo Tribunal

---

[81] Tesis 2ª LXIII/2008, Semanario Judicial de la Federación y su Gaceta, Novena Época, t. XXVII, mayo de 2008, p.229.

Colegiado de Circuito en materia civil del Segundo Circuito, bajo el rubro Derechos de privacía e intimidad de menores de edad. Previamente a la admisión de pruebas en juicio que puedan afectarlos, debe dárseles vista para que expresen lo conducente como parte interesada, y que establece:

"El derecho a la libertad de privacía e intimidad, entrelazado con el de audiencia, consagrados en la Constitución Fundamental de la República, deben respetarse en relación con los menores de edad conforme al principio de interés superior de éstos. Ello es así, atento a que todas las autoridades judiciales deben procurar que se asegure la protección y ejercicio de tales garantías y los derechos de los propios menores, por lo que de esa manera si en un juicio se dicta una determinación que podría afectar los intereses de los infantes, como es la pericial en materia de ginecología que necesariamente ha de desahogarse previa exploración física de una menor adolescente, es patente que ello puede afectar los derechos de intimidad y privacía correspondientes. Entonces, es indiscutible que previamente a la admisión de dicha pericial debe respetarse su garantía de expresar lo más conveniente sobre dichos aspectos e intereses, y así, debe ser citada y oírsele por la autoridad judicial, a fin de que manifieste lo que a su derecho considere más apropiado. Hecho ello, la autoridad judicial proveerá lo conducente con base en tal manifestación, apegada a la litis y demás material convictivo, según los pormenores del asunto, de modo prudente y razonado, en respeto irrestricto de las garantías predichas"[82].

No obstante que aparentemente el derecho a la privacidad e intimidad parecen ser absolutos, presentan el límite que el párrafo noveno del artículo dieciséis constitucional establece, y conforme

---

[82] Tesis II.2º.C.502C, Semanario Judicial de la Federación, Novena Época, t. XXII, noviembre de 2005, p. 860.

con la tesis de la Segunda Sala, las comunicaciones son inviolables; mandamiento que se debe respetar incluso por parte de los particulares, salvo las excepciones que el mismo numeral constitucional señala, para la autoridad y el respectivo delito a los particulares, identificable con el rubro Comunicaciones privadas. El derecho a su inviolabilidad, consagrado en el artículo 16, párrafo noveno, de la Constitución Federal, es oponible tanto a las autoridades como a los gobernados, quienes al transgredir esta prerrogativa incurren en la comisión de un ilícito constitucional. De conformidad con lo siguiente:

"Del análisis de lo dispuesto en diversos preceptos de la Constitución Política de los Estados Unidos Mexicanos, se advierte que la misma contiene mandatos cuyos destinatarios no son las autoridades, sino que establece deberes a cargo de los gobernados, como sucede, entre otros casos, de lo dispuesto en sus artículos 2o., 4o. y 27, en los que la prohibición de la esclavitud, el deber de los padres de preservar el derecho de los menores a la satisfacción de sus necesidades y a la salud física y mental, así como los límites a la propiedad privada, constituyen actos u omisiones que deben observar aquéllos, con independencia de que el mandato constitucional constituya una garantía exigible a las autoridades y que, por ende, dentro de su marco competencial éstas se encuentren vinculadas a su acatamiento. En tal virtud, al establecer el Poder Revisor de la Constitución, en el párrafo noveno del artículo 16 de la Constitución General de la República, que las "comunicaciones privadas son inviolables", resulta inconcuso que con ello estableció como derecho fundamental el que ni la autoridad ni los gobernados pueden intervenir una comunicación, salvo en los casos y con las condiciones que respecto a las autoridades establece el propio numeral y, por tanto, la infracción de los gobernados a tal deber conlleva la comisión de un ilícito constitucional, con independencia de los efectos que provoque o del medio de defensa que se prevea para su resarcimiento, en términos de la legislación ordinaria correspondiente"[83].

De los criterios jurisprudenciales se advierte que en México, a través del Poder Judicial Federal está presente la división que históricamente, y que también se advierte por referencia de la doctrina que ya quedó referida, la relación histórica y las diferencias que existen entre el derecho a la privacidad y el derecho a la intimidad, pero de igual modo su estrecha vinculación. Es aquí donde el derecho de los menores a conocer su origen genético y el de sus padres a la privacidad e intimidad, colisionan.

Cuestión que al haber quedado dimensionada en los capítulos anteriores toca observarla de forma más detalladada en el siguiente capítulo.

---

[83] Tesis 2ª. CLX/2000, Semanario Judicial de la Federación y su Gaceta, Novena Época, t. XII, diciembre de 2000, p. 428.

V

EL DERECHO DE LOS MENORES CONTRA EL DERECHO DE PRIVACIDAD E INTIMIDAD

En el presente capítulo se realizará el análisis que se ha venido anunciando de la oposición por un lado del derecho a la privacidad y por otro del derecho a la privacidad y además del inconveniente de las pruebas genéticas en ADN, que se traduce en la falta de operatividad de tal prueba.

En este capítulo se verán algunos casos ejemplificativos de cómo la prueba de genética en ADN no es lo infalible que aparenta a primera vista y si esto influye en la referida contraposición de derechos.

Al entrar al análisis de casos extranjeros se requiere un brevísimo contexto de cómo funciona la jurisprudencia en Norteamérica para poder entender el modo en que el *common law* da un mayor énfasis al derecho adjetivo que al sustantivo, cuestión ésta última que ocurre en nuestro país, y que veremos produce una apreciación incompleta del problema de la prueba genética en ADN para imputar la paternidad que se lleva a cabo en México.

5.O.- LA JURISPRUDENCIA EN EL SISTEMA NORTEAMERICANO

Conforme con la tesis de licenciatura que presenté para obtener la Licenciatura en Derecho, de acuerdo con el autor Westel Woodbury:

"En cuanto a la prelación o supremacía, los Estados Unidos tienen en primer lugar la Constitución, después las decisiones del Common Law inglés de la época de los colonos, ya sea para encontrar la definición de algún término o para aplicar leyes, como el caso del embargo por deudas al gobierno, sin necesidad del debido proceso de derecho, después vienen las leyes y los tratados internacionales . . . "[84].

Una cuestión que resulta de primer orden y que no podemos pasar por alto es la relativa al pragmatismo y al formalismo norteamericanos.

Dentro del formalismo, se establece una definición a las palabras de la Constitución. De este modo, a través de definiciones, las frases constitucionales son tratadas como categorías que refieren a un fenómeno relativamente discreto[85].

Fue hasta 1940 cuando el formalismo se colapsó. Los filósofos comenzaron a reconocer la invalidez general de todos los modos de pensamiento relacionado con el mismo[86].

Dichos filósofos observaban que se trataba de una clase de ideas platónicas o una mera ilusión sin existencia real. La verdad sobre la idea, según William James, reside en que no es una propiedad estancada inherente a ella, James cree que la verdad ocurre en la idea, cuando se verifica por hechos en el mundo real[87].

De este modo, se establece el pragmatismo como nuevo método de interpretación, este subrayó la función por encima de la forma, y sostuvo

---

[84]   Moreno Hidalgo, Omar, *La interpretación constitucional en México y los Estados Unidos,* p. 172.

[85]   Ibidem, p. 174

[86]   Idem.

[87]   Idem.

que la validez de cualquier concepto depende de su propósito. Se dijo que no había verdades trascendentes[88].

En Derecho fueron Holmes, Roscoe Pound, Morris Cohen, Felix Cohen, Llewellyn, Frank, entre otros quienes introdujeron esta corriente de pensamiento. Sostuvieron que el método formalista no era válido para la interpretación constitucional, debido a que términos como libertad, debido proceso o comercio eran construcciones humanas sin significado[89].

Holmes sostuvo que el Derecho es una creación de los jueces y el significado de la Constitución es creado por los jueces de la Suprema Corte.

Las definiciones de la Constitución que los jueces establecen vienen de sus mentes y no tienen más existencia que esa. Si se van a crear definiciones deben de ser teleológicas, es decir, deben ser creadas con un propósito en mente[90].

De lo antes referido, se observa que, como advertíamos en la pequeña introducción del capítulo, el derecho norteamericano otorga un mayor valor a los hechos que a las palabras, parece que estas tienen mayor peso que las frases hueras y las consecuencias que se derivan de las mismas.

En este capítulo conviene recordar los sonados casos *Frye, Castro y el de O. J. Simpson;* además del artículo científico publicado por R. Lowentin y D. Hartl, que sirven para dimensionar los límites de la prueba en genética.

5.1.- LA PRUEBA FRYE

El caso Frye es una parte medular para entender el uso de la prueba genética de ADN. De este modo, en los Estados Unidos un magistrado puede pedir la opinión de los científicos para juzgar la fiabilidad de una prueba. Si estima que no hay consenso sobre el asunto, la prueba no es presentada a los jurados.

---

[88]   Ibidem, p. 175.
[89]   Idem.
[90]   Idem.

En la audiencia conocida como *Frye hearing,* los científicos rinden su conformidad con la prueba o no. Con ella los abogados miden la fragilidad del consenso. Dicho consenso es la excusa con la que se revela el análisis de las controversias científicas.

Después de los trabajos de H. Collins y T. Pinch, se sabe hasta qué medida son difíciles de conseguir los consensos científicos y sobre todo su fragilidad, una vez alcanzados[91].

Como se ve, la prueba *Frye* es un requisito para llevar a cabo la prueba de ADN en genética, conforme con lo observado en el caso Castro.

5.2.- *"THE CASTRO CASE"*

El presente caso tuvo lugar el 5 de febrero de 1987 en el Bronx, cuando Vilma Ponce y su hija de dos años de edad fueron apuñaladas hasta la muerte. La policía cuestionó a José Castro, un hombre diestro en arreglos domésticos en el vecindario y notó una mancha de sangre en su reloj.

Las muestras tomadas de las víctimas muertas y el reloj fueron enviadas a *Lifecodes* para los análisis. Los análisis de las muestras del ADN se llevaron a cabo, y se reportó una coincidencia entre las muestras con mención de ninguna dificultad o ambigüedad en el procesamiento o análisis.

La fiscalía pretendió llevar los resultados de sus exámenes para ser admitidos como evidencia, en un periodo de más de 12 semanas en el verano de 1989. Una audiencia Frye- Middleton tuvo lugar ante el juez Scheindlin de la Corte superior del condado del Bronx, Nueva York, con testigos expertos tanto de la defensa como de la parte acusatoria.

El 14 de agosto de 1989, la Corte entregó su decisión, encontrando en general que los exámenes forenses de identificación del ADN eran aceptables para propósitos de inculpación como de exculpación.

---

[91] Cfr. Heilman, Eric, *En busca de la identidad: Huellas génicas y policía científica,* en Genes en el Estado, p. 70.

Por otro lado, se observa que la corte encontró que en este caso específico la prueba del laboratorio no tenía procedimientos comprobados; además, la evidencia de la culpabilidad no fue admitida.

Se indica que la Corte reconoció la dificultad de aplicar la prueba Frye a la evidencia compleja y avanzó en una tercera parte para determinar la prueba Frye.

Una Corte debe dirigir las siguientes preguntas para la admisión de la huella de ADN:

"Pauta I. ¿ Hay una teoría que sea generalmente aceptada en la comunidad científica, que apoye la conclusión de que la prueba de ADN forense puede producir resultados confiables ?

Pauta II.- ¿ Existen técnicas o experimentos que actualmente sean capaces de producir resultados confiables en la identificación de ADN y que sean generalmente aceptados en la comunidad científica?

Pauta III.- ¿ Los exámenes de laboratorio retoman las técnicas científicas aceptadas en el análisis forense de las muestras en el caso particular ?

En la pauta I la Corte reabrió la teoría del análisis del ADN en términos generales. La Corte explicó que el ADN es único para el individuo, y que aunque no es posible realizar estimados cualitativos de una unicidad relativa mediante la fragmentación de ADN y comprende con fragmentos obtenidos de una base estadística de datos de huellas de ADN de probabilidad. La Corte juzgó esta proposición teórica como la generalmente aceptada como confiable, y por tanto admisible bajo la prueba Frye.

En la pauta II, la Corte revisó la técnica de análisis **RFLP** en general. Esta técnica es comúnmente utilizada y la Corte la aceptó como "generalmente aceptada como confiable".

La Corte concluyó que el análisis de la pauta II mediante la declaración de que la prueba de identificación forense de ADN para determinar las inclusiones son confiables y que coinciden con el estándar Frye de admisibilidad.

En la punta III, la Corte observó la confianza en las pruebas específicas llevadas a cabo por *"Lifecodes"*. La Corte encontró que *"Lifecodes"* no siguió los procedimientos científicos aceptados porque falló en llevar a cabo ciertos experimentos, técnicas y controles necesarios para producir resultados confiables"[92].

Además, mientras la huella de ADN en general fue aceptada como admisible por la Corte, el análisis de la huella de ADN especifica realizado por *"Lifecodes"* no lo era.

La Corte sugirió que cada caso que implicara evidencia de huella de ADN debería incluir una audiencia de la pauta III para asegurar que las técnicas específicas empleadas estaban a la altura del estándar *Frye*. Aunque la pauta III se refería más al peso de la evidencia que a las preocupaciones tradicionales sobre la admisibilidad, la Corte sugirió que el análisis de la pauta III debería ser llevada a cabo en audiencias previas.

Stepehn M. Patton señala que el caso Castro es significativo por la ampliación del estándar *Frye* para la evidencia producida por una técnica científica compleja.

La regla *Frye*, llamada a ser "la generalmente aceptada como confiable", antes de que pueda ser admitida parece hacer énfasis tanto en la confianza y la aceptación general de la evidencia mediante la combinación de dos en una prueba. En la práctica, sin embargo, esta combinación obscurece la pregunta separada de la confiabilidad.

---

[92]   Patton, Stephen M., "DNA fingerprinting: The Castro Case", *Spring Issue,* Volume 3, 1990, en *http://jolt.law.harvard.edu/articles/pdf/v03/03HarvJLTech223.pdf*. Consultado el 10/agosto/2008,p. 230.

La confiabilidad no existe en un vacío pero implica una idoneidad para un propósito particular. Una prueba puede ser confiable para un conjunto particular de circunstancias, aunque puede no serlo para otra. En Castro, la Corte estableció que los procedimientos son, generalmente, aceptados, pero no son confiables como se aplican en Castro.

Una investigación en la prueba de ADN en su *"aceptación general como confiable"* debería dirigirse al propósito particular de que la prueba se sirva. En este caso, *"Lifecodes"* comparó las muestras de ADN para observar si tenían las mismas bandas. Desde que había una igualdad cercana, *"Lifecodes"* analizó las muestras de las bandas utilizando probabilidades para asegurar que las igualdades fuesen suficientemente significativas para constituir evidencia de culpabilidad criminal.

La confianza situacional requiere una inspección más profunda del método de interpretación de información que fue llevado a cabo. En Castro, la Corte describió los procedimientos genéticos para interpretar **autorads** y encontrarlos aceptables.

Para condenar, es necesario mostrar utilizando estadística de población para la igualdad de *loci,* que dos muestras al azar sean poco probables de demostrar la misma igualdad.

Pero este análisis sólo no es suficiente, la Corte debió haber evaluado también la regla de igualdad implícita en el testimonio de *"Lifecodes"* de que las bandas eran iguales. Tal testimonio implica algún estándar de igualdad, alguna regla de banda de comparación.

El estándar de comparación es parte de *"la cosa de la cual la deducción es hecha"* y debería también ser evaluada para la aceptación general como los procedimientos envueltos en la producción de la evidencia física.

En su lugar, la Corte simplemente estableció que las reglas de igualdad deberían ser consistentemente aplicadas dentro de *"permisible"* margen de error.

Por otro lado, se indica que las Cortes requieren concentrar sus esfuerzos para estandarizar y clarificar el uso de evidencia científica nueva. Deberían determinar cuáles son los elementos esenciales de cada prueba a identificar y describir cada elemento en detalle para el uso posterior en los casos.

Un punto trascendente en este caso Castro lo constituye el hecho de que la Corte debería establecer con precisión cuáles características eran identificables, tanto de las muestras sospechosas y la muestra responsable. Por ejemplo, las características que deberían ser entendidas como simples "huellas" o "ADN" desde que estas no son sujetas reales materia de las comparaciones entre los especímenes.

En la toma de huellas, tales como curvas, bifurcaciones, puntos, etc., son las características reales que son medidas y comparadas. Análogamente, en la prueba de ADN, las características son la existencia, tamaño e intensidad de una banda producida utilizando una prueba particular y una enzima de restricción específica.

La importancia de definir claramente las características relevantes fue ilustrada por Castro. La utilidad práctica de la decisión hubiese sido mucho mayor si la Corte hubiese definido la prueba aceptada como un proceso de medida y comparación de bandas particulares, producidas mediante pruebas y enzimas de restricción mediante una regla de igualdad específica.

Se puede presentar la posibilidad de la mutabilidad de la característica. En ese sentido nos indica Stephen M. Patton que la identificación de una característica común en dos muestras no constituiría una igualdad donde la característica puede cambiar impredeciblemente.

Si una prueba científica o procedimiento depende de condiciones externas, no existe base legítima para confiar en las pruebas, a menos que las condiciones externas sean conocidas y sean determinadas para no afectar la validez de los resultados.

Por lo tanto, una vez que las características a ser medidas son identificadas, la Corte debe preguntar si cada característica es inmutable en la situación particular. Desafortunadamente, las muestras recolectadas en situaciones forenses con frecuencia podrían presentar cambios significativos.

Sobre la precisión, exactitud y método de la característica medida, se indica que a pesar de que los científicos podrían aceptar que una característica sea medida, la precisión y exactitud de una medida variará dependiendo del cómo sea hecha.

Muchos científicos podrían utilizar *autorads* del ADN de una persona para diagnosticar enfermedades genéticas; sin embargo, no es claro si se realizarán sus mediciones con el mismo grado de exactitud como se requiere para los investigadores forenses buscando evidencia incriminatoria.

Si la evidencia científica depende altamente de una medida precisa, la habilidad de realizar una medida con la precisión necesaria debe ser generalmente aceptada.

Se advierte la existencia de una regla de igualdad, en la cual se señala que si la igualdad tomada en forma de huellas digitales, marcas, transcripción de sangre o huellas digitales de ADN, los resultados de la prueba de dos muestras son comparadas para ver si las dos son iguales. Una igualdad requiere la identificación de características similares en ambas muestras y una ausencia de disimilitud.

Para cada característica comparada debe haber una regla de medida explícita. En algunos casos tales como transcripción de sangre ABO, la regla de igualdades es simple: ¿ Las células de sangre se aglutinan?.

El caso de la huella digital del ADN es más problemática. Una banda debe aparecer tanto en la muestra del sospechoso como en la del perpetrador. Si esas bandas difieren en su peso molecular, las muestras no son iguales. Por lo tanto son de personas distintas.

Ciertamente, si son de idéntico peso, se puede decir que son iguales. Pero, ¿ en qué punto del amplio espectro de medidas deben los expertos decidir si las muestras son iguales o no ?. En otras palabras, ¿cuán grande es el "área gris" en la cual no se puede decir con confianza que las muestras son la misma o difieren ?. Es crucial que la regla de igualdad sea generalmente aceptada.

Con respecto a las estadísticas de población se indica que para la identificación científica de una prueba que tenga poder incriminatorio no solo debe identificar una característica de igualdad, también debe ser apoyada por alguna inferencia racional de que la igualdad no ocurra de forma aleatoria.

Una valoración debe ser elaborada sobre la probabilidad de ocurrencia de una coincidencia de la característica en la población relevante sospechosa. Sin información de la ocurrencia aleatoria de la característica; resulta imposible saber el significado de una igualdad;

quizás todas tengan esa característica, en tal caso aun si una igualdad fuese declarada, no deberían tener valor probatorio.

La ausencia de cualquier información probabilística generalmente aceptada no deberá ser considerada como relevante en el peso de la evidencia, desde que sin alguna base probabilística, la evidencia no tiene peso incriminatorio, y debe ser inadmisible.

En la identificación científica, para que tenga poder de exoneración, no se requieren probabilidades. Si dos muestras exhiben características que no son iguales, derivan de dos fuentes diferentes.

La evidencia de identificación tiene fuerza probatoria aún con la ausencia de información estadística pura. Por ejemplo, una prueba de sangre podría indicar que el perpetrador era un hombre. El jurado podría fácilmente calcular las probabilidades de una igualdad por coincidencia (una ocurrencia aleatoria) como aproximadamente 50% en la población general.

Alternativamente, una Corte podría permitir las probabilidades intuitivas de un experto para ser admitidas.

Finalmente, la Corte podría permitir al experto presentar evidencia estadística y numérica para dar el peso de la igualdad. Resulta importante para la Corte dirigir la información de probabilidad explícitamente, desde que sin información probabilística, la evidencia no es probatoria.

El caso Castro arroja duda sobre la habilidad de *"Lifecodes"* para interpretar la confirmación de *autorads*. Desde sus estadísticas de probabilidad que fueron compiladas de la propiedad de *autorads* interpretados en el caso, presumiblemente mediante los mismos métodos que fueron sujeto en Castro, podrían ser productos de malas interpretaciones similares en casos futuros.

Es así que se observa que incluso una determinada muestra tomada para análisis, que se someterá a una prueba científica válida, puede no ser llevada a cabo como se debe, de allí la necesidad de crear estándares. Lo cual tiene trascendencia para el resultado de la muestra.

5.3.- EL CASO O. J. SIMPSON

En este caso ilustrativo, se observa que Orenthal James Simpson fue acusado por el asesinato de su esposa, Nicolle Brown y del mesero Ronald Goldman.

En la narración que se realizó de los hechos se observa que la noche del crimen Nicolle Brown, cenó junto con sus padres e hijos en un restaurante de Los Ángeles. La madre de Nicolle había dejado sus antiparras en el lugar de la cena, y Roland Goldman, un mozo del lugar, con tendencias homosexuales y amigo de Nicolle, llevó los anteojos a la casa de su amiga, en la colonia residencial Brentwood en la calle South Bundy; debido a esto él estaba presente en la escena del crimen.

Ese día, 22 de junio de 1994, cerca de la medianoche unos vecinos paseaban a su perro.

El cuadrúpedo los llevó hacia una vivienda con el portón abierto, donde se percataron de que estaban el cuerpo de una mujer y un hombre muertos. Un vecino llamó a la policía del Departamento de Los Ángeles, que encontró huellas y manchas de sangre junto a las pisadas. Se dirigieron entonces a la Avenida Rockingham, donde residía O.J. Simpson, ex esposo de Nicolle. Se trataba de una ex estrella de futbol afroamericano. Junto al lugar se encontraba localizado un Ford Bronco.

En la propiedad de Simpson la policía encontró sangre en la entrada que al parecer iban hacia el automóvil; en éste había sangre del lado del conductor; además, en el exterior se encontraba un guante ensangrentado. Simpson tenía vendado un dedo de la mano izquierda, quedando detenido por ser el único inculpado en la muerte de Nicolle Brown y Ronald Goldman.

La búsqueda de muestras y rastros fue extensiva y éstas fueron derivadas por decisión de la fiscalía a tres diferentes centros donde se realizaban pruebas de ADN. El laboratorio del Departamento de Policía de Los Ángeles, el laboratorio Cellmark Diagnostics y el Departamento de Justicia y laboratorio de ADN de California.

Durante el juicio las críticas hechas a los laboratorios forenses actuantes no tuvieron precedentes; la falta de controles adecuados en la aplicación de la técnica de *PCR* sería uno de los puntos más duramente atacados.

La manipulación de las evidencias antes de la llegada al laboratorio de ADN puede conducir a contaminación foránea. La técnica de PCR es extraordinariamente sensitiva, por el hecho de que con ella se puede detectar la presencia de tan solo algunas moléculas de ADN.

Sin embargo, no puede discriminar cuál ADN detecta, siendo por consiguiente extremadamente fácil la contaminación de las muestras de la evidencia, con otros ADN humanos.

Una de las formas que da lugar a una mayor contaminación es la transferencia inadvertida de ADN de una muestra a otra durante la manipulación de la evidencia, pudiendo dar lugar a un falso emparejamiento o criterio de coincidencia.

Por otro lado, no existen controles específicos de laboratorio en esta etapa del proceso que detecten este tipo de contaminación denominada contaminación cruzada. La posibilidad de que ocurra es mayor cuando el personal que investiga el caso actúa negligentemente o no está familiarizado con este tipo de tecnología.

Otro de los factores que pueden dar lugar a la contaminación cruzada es una evidencia que contenga un ADN poco concentrado o muy degradado, circunstancias frecuentes en casos de crímenes, restos de catástrofes, cadáveres abandonados, y demás.

A lo largo del testimonio, el personal de criminalística admitió no haber recibido instrucciones precisas de cómo realizar la recolección de las evidencias que finalmente serían investigadas con los métodos de ADN y PCR. La evidencia no fue preservada correctamente, razón por la cual se produjo una importante degradación del ADN. Los procedimientos no se realizaron con técnicas de asepsia, y los guantes se cambiaron solamente cuando estaban muy sucios.

Una crítica más se refirió a los controles, que si bien se colocaron inter dispersos entre las muestras de la evidencia, los mismos no habían sido manipulados en paralelo con la evidencia en cada paso del procedimiento realizado.

El orden en que se recolectaron las muestras fue: Rockingham (residencia de Simpson); de allí a Bundy (casa de Nicolle Brown) y nuevamente Rockingham, con lo cual la posibilidad de una contaminación cruzada que diera lugar a un falso positivo pudo haber existido.

La manipulación de las muestras de ADN degradado y con baja concentración, próximas a un ADN altamente concentrado también pudo provocar un enorme riesgo de contaminación cruzada.

Resulta relevante señalar que cuando aparece un alelo adicional, aunque sea de forma débil en la prueba, significa que existió una falla durante la tipificación. Este tipo de contaminación es un indicador del cuidado con que un laboratorio manipula sus muestras. Un laboratorio con frecuentes accidentes de contaminación es probable que tenga también frecuentes accidentes de contaminación cruzada, para la cual no existen controles.

Por otro lado, la defensa de Simpson sostenía que la gran cantidad de ADN obtenido de las muestras de sangre de su defendido, así como la buena calidad del mismo, comparado con las muestras recolectadas con anterioridad, era motivo de sospecha.

El fiscal manifestó que estas últimas muestras las encontradas en la salida trasera de la casa, se hallaban en sustratos diferentes y habían estado expuestas a un ambiente caluroso y húmedo que habría favorecido el crecimiento de microorganismos, circunstancia que sería confirmada con el método de *Southern Blotting.*

La interpretación de las mezclas de ADN en general es muy problemática correspondiendo a la de PCR una alta probabilidad de mezcla de diferentes ADN humanos. Puede darse el caso de que no es posible determinar si la presencia de alelos adicionales proviene de más de un individuo, o bien si se trata de una contaminación o de un artificio. Por esta razón, en las prácticas forenses cuando los resultados obtenidos son mezclas de diferentes ADN, las interpretaciones pueden ser ambiguas y subjetivas[93].

En cuanto a la residencia de O.J. Simpson en Rockingham, tanto el guante ensangrentado como par de zoquetes advertían evidencia que lo inculpaba.

En los guantes los resultados coincidían con una mezcla de sangre de Donald Goldman y Nicolle Brown y de una tercera persona que era Simpson.

De los zoquetes se advertía la presencia de sangre de Nicolle Brown así como de Simpson. Sin embargo, la defensa argumentó, a esa altura del proceso, que la sangre había sido colocada en los guantes y en los zoquetes.

---

[93] Cfr. Chieri, Primarosa y Zannoni, Eduardo, *Prueba del ADN,* p. 148.

No obstante el peso de la evidencia en contra de Simpson, el caso no se definió tomando como base las pruebas de ADN, ya que las mismas favorecieron a la defensa de Simpson.

En este caso, la defensa de Simpson eligió como blanco de sus ataques a los detectives y al personal de criminalística de la policía de Los Ángeles más que a la prueba de ADN. Lo cual resulto ser devastador, pues finalmente si la toma de la muestra y posterior análisis no se llevan a cabo con las medidas indicadas la tecnología genética, en vez de ayudar a esclarecer un hecho se convierte en un escollo difícil de superar.

Otra circunstancia que pone en duda la prueba de ADN es el artículo científico escrito por Lewontin y Hartl que se observará a continuación.

5.4.- PUBLICACIÓN DE LOS EXPERTOS EN GENÉTICA LEWONTIN Y HARTL

Con motivo del sobrevuelo que causó la prueba de ADN, como ya se observó, y el papel central que juega en ella el cálculo estadístico, puesto que de forma unánime todos los expertos se inclinan por señalar que la fiabilidad de las pruebas genéticas dependen en ultima instancia de la probabilidad de encontrar un perfil idéntico en el resto de la población. Circunstancia esta que deriva de forma directa del caso Castro, en el cual uno de los biólogos que participó del lado de la defensa, señalaba que la interpretación de los resultados se basaba no sólo en la observación de perfiles semejantes; sino también en el hecho de que cada perfil en principio extremadamente escaso, conviene por cada alelo situado en un lugar dado del ADN calcular la probabilidad de su aparición en la población.

Con lo anterior, lo que Lander hizo fue evidenciar lo ineficaz de los métodos de cálculo de los laboratorios, a la vez que ponía en tela de juicio la definición de la población de referencia. Por lo que en el caso Castro, cuando el laboratorio *Lifecodes* tomó una muestra de la población hispana para establecer la frecuencia de alelos, obró con sesgo, pues la población hispana está lejos de ser homogénea, debido a que esta población se compone de numerosos subgrupos, entre los que podrían citarse por ejemplo el de los cubanos, mexicanos y puertorriqueños.

Con lo antes señalado, lo que Lander probó fue la incapacidad de los laboratorios por llevar controles estrictos en cuanto a la cantidad y calidad de las muestras para analizar.

Otro antecedente que minaría la credibilidad, por lo menos absoluta, de las pruebas en genética, sería el artículo publicado en diciembre de 1991 en la revista *Science*, firmado por R. Lewontin y D. Hartl, en donde confirman la opinión de Lander en el caso Castro en lo tocante a las probabilidades de aparición de los alelos en la población. Las bases de datos establecidas por los laboratorios, sostienen ambos investigadores, no toman en consideración la heterogeneidad de las poblaciones utilizadas como referente para el análisis estadístico.

Como resultado, los métodos de cálculo empleado por los criminalistas son inadecuados. Concluyen su estudio afirmando que mientras los estudios sobre distribución de alelos no se realicen dentro de un amplio margen de variabilidad entre los grupos étnicos, los análisis elaborados por los laboratorios seguirán estando lejos de garantizar alguna credibilidad.

Como consecuencia causal lógica, después de esta publicación, y en respuesta a la desconfianza de la comunidad científica en particular los que trabajan para firmas privadas incluso para el FBI que ha creado su propio laboratorio, muchos tribunales rechazan la prueba genética basándose en el hecho de que los cálculos de probabilidad no son aceptados por los especialistas en la materia, tomando como base de su rechazo la prueba o audiencia *Frye*[94].

Posterior a la publicación de Lewontin y Hartl en *science*, en abril de 1992 el Consejo Nacional de Investigación anunciaba que los criminalistas no podían o no tenían el control total de la naturaleza, las condiciones, las formas y la cantidad de las muestras con las que debían trabajar. Asimismo, al abordar el tema de la genética de las poblaciones, el estudio de referencia indica que no existen datos empíricos que puedan fundar una idea según la cual los cálculos de probabilidad sean válidos y seguros.

---

[94] Cfr. Heilman, Eric, *op. cit.*, p. 68.

De los casos analizados por el derecho anglosajón, particularmente el de los Estados Unidos de América, es de señalarse que en aquel país existe una regla para saber si un método es aceptado por la comunidad científica, denominada prueba Frye. Superada dicha prueba, se pasa a la fase de los estudios en genética que se encuentran sujetos a una serie de cuestiones para su validez, entre las que podemos considerar la de la toma de la muestra, su conservación, el ambiente en que se toma para no alterar su pureza, el problema del cálculo de las probabilidades dentro de un grupo étnico más o menos homogéneo, entre las principales.

Si bien estas cuestiones operan en el ámbito penal, bien pueden trasladarse al de la prueba civil, ya que opera una serie de pasos parecidos, como el hecho de que exista un método aceptado como válido por la comunidad científica la toma de las muestras y su análisis, la existencia de controles para llevar el levantamiento de la muestra y su posterior examen, el cálculo estadístico que tanto en materia penal como en materia de imputación de paternidad resultan indispensables, como ya quedó referido. De estos atisbos de la jurisprudencia norteamericana, se advierte, en contraste con las del Poder Judicial de la Federación en México que nada menciona sobre estas cuestiones particulares, sobre todo la relativa al cálculo de probabilidades de la población que es indispensable, como se ha venido refiriendo, para poder llevar a cabo de forma correcta la prueba de ADN.

Una vez que hemos señalado y dejado en claro que la prueba genética en ADN no es lo certera que aparenta ser para la imputabilidad de la paternidad, pareciera que, como bien hicieron los tribunales en los Estados Unidos, dejaron de otorgarle un valor absoluto como prueba. Como resultado de los múltiples problemas que ocasiona, incluso puede llegar a favorecer a individuos culpables, como en el caso de *O. J. Simpson*.

Por otro lado, como consecuencia del desarrollo del propio *common law,* que asigna un valor central a los hechos, como señalábamos al comienzo de este capítulo, lleva a colocar a las pruebas en el centro del proceso y no a las meras frases como en el caso mexicano. Toca observar el tipo de debate que se ha presentado en México, que al parecer no rebasa la línea de la intimidad y el problema del interés superior del niño, dejando de lado la cuestión tan importante y que en nuestra opinión viene a ser el *quid* en este problema de la imputabilidad de la paternidad, como sería el de la prueba en sí.

De ese modo, en nuestro país se continúa escribiendo sobre meros conceptos y no sobre la cuestión central que sería la prueba. Así, respecto de la colisión de derechos que mencionamos, entre los derechos a la personalidad y los derechos humanos existen diferencias.

Los derechos humanos tienen su origen en nuestro sistema jurídico por cuestiones políticas al ser creados por el gobernante con objeto de dar una apariencia en el ámbito internacional de que México es garante del respeto al ser humano; mientras los derechos de la personalidad surgieron primero como conquistas políticas y después jurídicas, al haber sido impuestos por los pueblos a sus gobernantes a través de los siglos.

Los derechos humanos tienen como antecedente un restringido medio de defensa de los seres humanos; en otras palabras, sólo cuando son atacados por el gobernante, mientras los derechos de la personalidad se ejercitan por cualquier ataque sufrido, ya sea del gobernante o de cualquier otro gobernado.

En México, cuando se observa una violación a los derechos humanos, las Comisiones de Derechos Humanos se limitan a emitir recomendaciones, sin efectos coercitivos ni vinculantes conforme al apartado B, del artículo 102, y con la única intención de exhibir públicamente a la autoridad responsable de tal violación. En cambio, cuando los derechos de la personalidad son violados, el hecho ilícito de esa violación genera en contra de su autor, ya sea el Estado o cualquier gobernado, la posibilidad de una demanda por daños y perjuicios.

El objeto de los derechos humanos es proteger a los seres humanos, mientras que los derechos de la personalidad, son extensivos tanto a las personas físicas como a las morales.

Los derechos humanos se identifican con las garantías individuales porque constituyen un límite al poder del Estado contra el gobernado, debiéndose ejercer su respeto jurídico mediante el juicio de amparo con el cual el gobernado no obtendría una indemnización por daños y perjuicios.

En cambio, la violación de los derechos de la personalidad implica que el propio Estado, a través de sus funcionarios judiciales, ordene la cesación de la violación sometida por la misma autoridad o por otro y establezca una sanción indemnizatoria.

En el caso de la violación de los derechos humanos, el juicio de amparo sólo puede ser solicitado ante los funcionarios judiciales, mientras que si se violan los derechos de la personalidad, la acción se ejercita ante cualquier funcionario judicial, ya sea federal o local, según corresponda.

De acuerdo con todas estas consideraciones, se puede afirmar que la verdadera naturaleza jurídica de los supuestos derechos afectados (libertad, integridad corporal y derecho a la intimidad) mediante el auto en el cual se admite y ordena el desahogo de la prueba genética, es la de derecho de la personalidad y no la de derechos humanos, porque estos últimos sólo constituyen un reducido ámbito de aquellos, al encontrarse restringidos para su protección, cuando son transgredidos por el gobernante y únicamente se puede ejercer su exigibilidad por intermediación del juicio de garantías[95].

De lo antes referido, se puede señalar que prevalecen los derechos de la personalidad por encima de los derechos humanos por las razones ya indicadas y, de paso, que el debate de las pruebas genéticas es limitado o nulo y su estudio descansa en la colisión del derecho a la privacidad o intimidad, y el del menor a conocer su origen genético teniendo como soporte el interés superior que le ampara.

De esta colisión de derechos, como en todo debate habrá quienes simpaticen con una y habrá quienes asignen mayor valor a la otra. También surge una cuestión relevante a tener en cuenta ya que desde que la Constitución garantiza el derecho a la privacidad e intimidad en el artículo 16 y aquél de que los niños y niñas tienen derecho a la satisfacción de sus necesidades, conforme al artículo 4, así como la protección a su interés superior conforme a los Tratados Internacionales y las leyes secundarias de las que ya dejamos constancia.

Se tiene junto a estos derechos el principio de que la Constitución no tiene contradicciones, entonces debería darse la interpretación en

---

[95] Cfr. López Faugier, Irene, *La prueba científica de la filiación en Panorama Internacional del derecho de familia, Culturas y Sistemas Jurídicos comparados,* t. II, p. 502-503.

el caso particular como una excepción. El hecho de que la privacidad no es violentada por las pruebas periciales en genética, ya que éstas últimas sirven para que la niñez pueda conocer su origen genético; se ha argumentado que existen métodos no invasivos para tomar la muestra; sin embargo, en el derecho mexicano ese no parece ser el problema debido a que debe de ser una prueba tomada de forma voluntaria al supuesto progenitor, acontecimiento que difícilmente se dará en la práctica.

Así que la cuestión de un método menos invasivo de toma de muestras no parece ser una solución para implementar la prueba en genética para determinar la filiación. Otra cuestión importante es la relativa a la presunción en favor de la filiación; sin embargo, esta tiene como tribulación el que no opera de forma automática, sino que debe de adminicularse junto con otros medios que causen convicción al juzgador, ya que por el simple hecho de que alguien asegure que una persona es el padre, no se puede tener por cierta.

También se debe tomar en cuenta que cualquiera que sea el método que se utilice para la toma de las muestras se debe considerar que el análisis de las mismas no es infalible. Como ocurrió en el caso Castro, puede ser utilizado en contra de quien realice la imputación como en el caso *Simpson* y debe tener un estudio del cálculo de probabilidades de la población con la que se confronta la prueba.

De allí la necesidad de crear estándares en las mismas pruebas. Cuestión que si bien la legislación no toma en consideración, sí lo hace, aunque de forma muy limitada la jurisprudencia mexicana, ya que indica como requisitos: el llamar al afectado para que conozca quien llevará a cabo la prueba, de qué método se servirá el experto y qué tipo de muestra corporal requiere. Pero, nada indica sobre los estándares, la conservación de la muestra o el cálculo de población, cuestión esta última en que la comunidad científica se muestra unánime en el sentido de que sin este dato la prueba en genética es inservible por las razones ya comentadas en líneas previas.

Existe de igual modo dentro de este debate de contraposición de derechos, el argumento de que al invocarse el interés superior de los menores se trata de circunscribir que dentro de un conflicto de intereses, debe prevalecer el del menor, por tener un estatus de mayor indefensión. Presentando una inversión de la intimidad pues el menor estaría propugnando por el derecho que le asiste a conocer su propia identidad, que constituye su propia intimidad[96].

En otras palabras, el menor cuenta con el mismo derecho a la intimidad, ya que no solo lo ampara el derecho a conocer su identidad genética y familia, sino que forma parte de la privacidad e intimidad, pues las relaciones familiares son un núcleo que encierra ese derecho.

Así debería operar tanto para la excepción como para la acción, es decir, se trata de un derecho con una doble significación tanto para el presunto padre como para el hijo que le imputa la filiación por medio de una prueba genética en ADN. En ese sentido, dentro de este debate, se sostiene que no se puede considerar violentado el derecho a la privacidad e intimidad del presunto padre, ya que lo único que se estaría realizando sería una limitación, una suerte de excepción a dicho derecho, señalando de forma clara un límite la mismo.

Su justificación estaría garantizada con las pruebas en genética ya que revelan el derecho de los menores a conocer su filiación, traduciéndose en un auténtico ejercicio del derecho del interés superior del menor.

Además, debe de tomarse en cuenta el derecho que asiste al menor, no solo como señala el derecho positivo en el Artículo 4 constitucional, en el sentido de que se le deban garantizar sus necesidades -alimentación, salud, educación y sano esparcimiento para su desarrollo integral- sino que se revela la incógnita podríamos asegurar histórica por saber quiénes son sus padres biológicos. Lo cual lo deja en aptitud no solo de conocer, si así es su deseo, su realidad genética, sino también el de garantizar su derecho a prevenir posibles anomalías en su cuerpo, gracias a estudios de esta naturaleza.

Finalmente, no se han vertido argumentos lo suficientemente sólidos como para reforzar la postura en favor de la implementación de la prueba pericial en genética para determinar la filiación y porque se debe desvirtuar el derecho a la privacidad justificando una invasión a ese ámbito personal.

---

[96] Cfr. Albarellos, Laura, *El fenómeno jurídico genómico,* México, Ángel Editor, 2003, p. 66.

Con lo señalado en este capítulo queda claro que existe un problema para la operatividad de la prueba genética en ADN para imputar la paternidad de diversa índole, pasando desde los aspectos técnicos -como en los casos señalados de *Frye, Castro y Simpson*-, esto en el terreno del derecho adjetivo. Por el lado de los derechos sustantivos la controversia entre el derecho a la privacidad e intimidad y aquel del menor a conocer su origen genético, como sería el de imputar la paternidad a través de la prueba genética de ADN para conseguir se satisfagan sus necesidades más básicas de subsistencia.

Por ello, se hace necesaria una forma para poder llevar a la práctica de una forma más o menos aceptada de algún método o prueba que pueda implementar y dejar a un lado las objeciones que se hacen a la prueba de genética en ADN, sobre este particular se abundará en el próximo capítulo, en el que se espera poder dejar constancias, a través de un caso ocurrido en el Reino Unido de la Gran Bretaña e Irlanda del Norte para implementar de una forma indirecta la prueba genética en ADN. Esto por lo que hace a la controversia del tipo de colisión de derechos sustantivos, es decir, el de privacidad e intimidad frente al derecho del menor a conocer su origen genético; la garantía de solicitar la prueba de ADN para salvaguardar su interés superior. Respecto de las cuestiones de carácter adjetivo, nos restringiremos a seguir una serie de recomendaciones para la aplicabilidad o mejor puesta en marcha de dicha pericial en genética. Ello se debe a las obvias limitaciones de carácter técnico, profesional y de la naturaleza de nuestro propio objeto de estudio que se circunscribe a lo normativo, no así al terreno de la biología molecular. Por otro lado resultaría aventurado el sugerir alguna técnica por encima de otra pues, como indicamos, no contamos con la formación, ni elementos para llevar una valoración que nos permita indicar desde una perspectiva personal cuál es el mejor. Nos limitamos a señalar una lista de las técnicas para el análisis de ADN disponibles hasta la fecha como mera referencia.

Así, se cuenta con:

Enzimas de restricción.- Se trata de enzimas que cortan el ADN en lugares específicos, denominados sitios de restricción. En principio, los sitios de reconocimiento de las enzimas dentro del genoma se hallan distribuidos de manera azarosa, y su aparición dependerá de la secuencia de ADN nuclear humano por la acción de estas enzimas varía de miles de millones y sólo podrán visualizarse mediante el uso de sondas de ADN complementario a estos fragmentos.

ADN-polimerasa.- Estas catalizan la incorporación de nucleótidos simples a una molécula creciente de ADN. Necesitan un molde de ADN.

Sondas moleculares.- Una sonda es un segmento de ácido nucleico complementario a un segmento de ácido nucleico a reconocer. El reconocimiento se lleva conforme al ADN-ADN o ADN-ARN o ARN-ARN. En esta relación llamada hibridación, la sonda puede cubrir total o parcialmente el segmento de ácido nucleico a reconocer y detectar su copia complementaria entre millares de fragmentos de ADN o ARN. En la localización de la sonda se utilizan las radioactivas o marcadas con sustancias luminosas lo que facilita su ubicación.

Electroforesis convencional y de campo pulsante.- La electroforesis es la separación de moléculas o partículas con una carga determinada en un campo eléctrico.

La convencional consta de una fuente de poder con voltaje y amperaje regulable, y una cubeta de electroforesis. Una vez que el ADN ha sido cortado en fragmentos, los mismos pueden ser separados mediante la aplicación de esta técnica.

La de campo pulsante es una variante de la electroforesis facilita la separación de moléculas de ADN demasiado grandes.

Técnica de Southern Blotting.- Esta técnica permite identificar regiones específicas del ADN genómico previa fragmentación con una enzima de restricción. Posteriormente, el ADN es separado a través de electroforesis. Una variante del método aplicada al análisis del ARN se denomina análisis Northern. El análisis Western es para designar la transferencia de proteínas a un soporte sólido y su detección mediante hibridación con anticuerpos.

Hibridación.- Es el apareamiento entre una cadena de ARN y una de ADN o entre dos cadenas de ADN. En la técnica de Southern el producto obtenido puede convertirse en híbrido con una sonda de ADN marcado radioactivamente o con sustancias luminiscentes. Resulta relevante en este paso ajustar las condiciones de hibridación al máximo para que las cadenas complementarias se unan, minimizando en lo posible la hibridación no específica. Esto se consigue con la denominada astringencia, que es el aumento de la temperatura de hibridación o la disminución de la fuerza iónica, que logra reducir la unión de secuencias que no sean estrictamente complementarias.

Reacción en cadena de la polimerasa (PCR).- Es una técnica que permite obtener una ampliación selectiva *in vitro* de largas secuencias de ADN o ARN.

Con esto damos por terminado el listado de los principales métodos utilizados. Por lo que ahora toca el momento de abordar la forma en que se pudiese implementar la prueba genética de ADN para imputar la paternidad en nuestro país.

VI

PROPUESTA PARA IMPLEMENTAR LA PRUEBA DE ADN EN CASOS DE PATERNIDAD

De la problemática observada para la implementación de la prueba en genética, aunque sea para un caso muy aislado, observaremos cómo sería posible implementar dicha prueba sin violentar el derecho a la privacidad.

En el verano de 1985, Christiana Sarbah estaba a punto de volverse loca. Dos años antes, su hijo, Andrew había regresado de Inglaterra después de visitar a su padre en Ghana.

Sin embargo, las autoridades de inmigración Británicas habían rechazado admitir al niño, aunque él hubiese nacido en Inglaterra y a pesar de ser británico.

Negando que Sarbah era su madre, las autoridades alegaron que Andrew era, de hecho, el hijo de una de las hermanas de Sarbah y estaba tratando de entrar ilegalmente al país con un pasaporte falso. Después de leer en el periódico sobre el trabajo de Jeffreys, descubridor de la huella genética, un abogado que estaba familiarizado con el caso solicitó ayuda al genetista. ¿Podría esta nueva prueba de ADN probar que Andrew era el hijo de la Señora Sarbah y que no era su sobrino?.

El análisis fue complicado debido a que ni el padre ni las hermanas de Sarbah estaban dispuestos a entregar muestras. Cuestión muy similar a la que acontece en el caso mexicano cuando el padre se niega a entregar la muestra biológica para llevar a cabo la prueba de ADN.

Pero Jeffreys preparó una muestra de ADN tomada de la madre y de tres de los niños no disputados. El análisis mostró que Andrew tenía el mismo padre como los otros niños, y que Sarbah era su madre. O más específicamente, las probabilidades eran menores -una en seis millones-, de que una de sus hermanas fuese su madre.

Las autoridades de inmigración no impugnaron los resultados de Jeffreys, pero evitaron formalmente admitir el error y simplemente cerraron el caso, dejando a Andrew en posibilidad de reunirse con su madre.

Es así que observamos que aunque uno de los padres se niegue a otorgar su consentimiento para que le sean tomadas muestras y se sometan a los respectivos análisis, puede presentarse, si es el caso, tomar muestras de los familiares más cercanos, compararlos con aquellos de los hermanos e hijos de los hermanos, si es que estos también consienten en ello. Y observar si la muestra del hijo que demanda la filiación concuerda con aquella similar de su padre con el hermano o hermana de quien se toma. Esto en razón de que las probabilidades serían de una en seis millones, como en el caso de Andrew.

Sin embargo, podría alegarse una violación de tipo indirecto del derecho a la privacidad. Sobre este aspecto, sostenemos que podrían darse dos posibles escenarios de un caso así.

De este modo, la prueba pericial en genética sería aplicable de forma indirecta por un lado, sí y solo sí tenemos la presencia de hermanos e hijos de estos que accedan a entregar muestras corporales de cualquier tipo para el análisis. Así, ante la negativa del padre se podría llegar a un medio de convicción que reforzaría la presunción de la prueba pericial a favor del hijo no reconocido.

Otra de las propuestas para implementar dicha probanza, la constituiría el hecho de crear los estándares para la prueba de toma de muestras corporales, cuestión a la que nos limitaremos exclusivamente a enunciar.

Así se deberían de integrar -como en el caso Castro-, en primer lugar, el definir de forma precisa qué método de toma de muestras se empleará para dicho efecto.

El delimitar qué tipo de método de análisis de las muestras se utilizará, resulta importante ya que se puede conocer el procedimiento tanto para la toma de la muestra como de los análisis. Finalmente redundaría en la posibilidad de observar si las muestras no están contaminadas, si pertenecen al sujeto, si las muestras han sido debidamente tomadas del sujeto objeto de la misma, el modo de conservarlas, la comparación que se vaya a llevar a cabo y la igualdad

En segundo lugar, tener el consenso de la comunidad científica involucrada, es decir, que cuente con la experiencia y los conocimientos técnicos necesarios para que acrediten la efectividad del método. Esto por lo que se refiere a la admisión de una prueba pericial en genética.

Por otro lado, pudiesen presentarse casos en los el presunto padre se negará a que se le tomen muestras corporales para el respectivo análisis. De darse el caso, debería acudirse, con el consentimiento de los familiares al análisis indirecto por medio de hermanos como medida para reforzar la presunción de que un hijo es tal. El inconveniente de esto es que existan hermanos que sean del mismo padre y madre que accedan a la toma de muestras, ya que no se les puede forzar, juntar con las probables dificultades inherentes a la toma y realización de la prueba.

Se debe establecer paso a paso el modo de obtención de la muestra en presencia del juez para la respectiva certificación y de los peritos, tanto del presunto padre, como de la madre que le imputa la paternidad, así como la posterior de análisis de las muestras para evitar cualquier tipo de alteración en las mismas. Y que se cuente con la anuencia de las partes sobre su veracidad y efectividad.

Se debe de implementar en la legislación federal y local, lo que la jurisprudencia ya ha reconocido: el que la presunción de filiación sea efectiva si se cuenta con otros medios de prueba que robustezcan dicha probanza, lo que observamos en el caso Castro, el que se conozca el método con el cual se va a llevar a cabo la toma de las muestras, la posibilidad de demostrar la paternidad indirecta, caso de Sarbah, como medio para robustecer la presunción de filiación y la presencia de las partes en la toma y análisis de las muestras tomadas.

Se deben considerar los efectos de la toma de muestras como del resultado de análisis. En este tenor, cuando una muestra corporal, sea de la naturaleza que sea, en caso de ser tomada de forma deficiente, y que redundara en perjuicio del padre y en beneficio de la madre o viceversa, tendría que verse la posibilidad de una nueva toma de muestras, ya sea que la misma se ordenase ante un tribunal de alzada o una autoridad federal de amparo, debido a que las muestras se deterioran y posiblemente se requeriría de una nueva toma de las mismas. Para ese efecto se debería prever si se está en posibilidad de conseguir nuevas muestras o no. Podría darse el caso de que el perito que toma las muestras lo haya hecho de forma deficiente, como en el caso Castro respecto de *Lifecodes*. Debería observarse la posibilidad de que tal vez se trata de un problema del perito o del método de toma de muestras o del método de análisis de estas.

Entonces, se debería precisar de forma clara el efecto de la sentencia tomando en consideración lo ya mencionado en el párrafo previo. Porque incluso con el consenso de la comunidad científica nacional, basándose o no en la corriente internacional, pudiese sugerir otro método de toma de muestras y de análisis. El definir si un método es mejor que otro es una cuestión difícil que requiere de consenso y de revisiones constantes, ya que pueden surgir nuevos métodos que prometan una mejor calidad, efectividad, confiabilidad, etc. en la toma y análisis de muestras.

Por último, las partes deben estar de acuerdo en qué método será el empleado para la toma y posterior análisis de muestras, así como garantizarse la destrucción de las muestras corporales tomadas, una vez cerrado el caso de forma total y definitiva, mediante la emisión de sentencia firme.

Por lo que respecta al resguardo de las muestras estas deben de contar con el mayor grado de reserva y confidencialidad, ya que se trata de la intimidad de un sujeto, que no desea que nadie se entere de su información más íntima.

Cuestiones como estás deben de ser consideradas, ya que podría darse el caso que la no previsión de supuestos como estos llevasen a la ineficacia de la prueba genética.

De este modo, creemos no se violentaría el orden constitucional por la cuestión de decidir si un derecho debe de fenecer para el reconocimiento de otro. Como sería el derecho a la intimidad con respecto a la práctica de la pericial en genética, sea cual sea el método de toma de muestras y método de análisis posterior de las mismas, para garantizar el derecho de la niñez a conocer su origen genético.

El verdadero problema, en nuestra opinión, radica en delinear de forma precisa y clara las reglas para la toma y posterior análisis de las muestras corporales, tomadas de un presunto padre. De allí el por qué hemos enfocado de esta forma nuestra propuesta.

No se trata de la aplicación o desaplicación de un derecho por otro, si no de definir de forma clara que reglas entran en juego. Las mismas razones constitucionales se podrían alegar para quienes pretendiesen reforzar una postura o la otra.

En razón de que la intimidad se garantiza en nuestra Constitución al igual que la protección al menor, lo mismo ocurre en los tratados internacionales. Existen para el caso de ambos derechos sendos tratados en los que se exige el respeto de uno y otro derecho.

En el caso de leyes secundarias, tenemos presente la misma cuestión. A nivel jurisprudencial una situación similar prevalece. Entonces, lo que debe de hacerse es no argumentar en favor de uno u otro, si no el enfocarse en la cuestión de las reglas de toma y análisis de muestras, además, de considerar las cuestiones que ya mencionamos podrían acontecer en el evento de una prueba deficiente.

La cuestión relativa a la afectación de derechos de intimidad sería insostenible en razón de que se contaría, en caso de utilizarse la prueba indirecta que indicamos, pues la muestra del presunto padre no provendría de él, si no de un familiar que se sometería al análisis con sus hijos, a efecto de realizar la comparación, pues para que sea efectivo debe de contar con alguno, ya que el análisis probabilístico juega un papel importante en este estudio.

Con estas condiciones se acreditaría la presunción de filiación sí y sólo sí se reúnen las condiciones descritas. Parece difícil, pero son más probables que no contar ni siquiera con eso. De otro modo, la prueba pericial en genética ni siquiera se vuelve instrumental.

En nuestra opinión debería ser así la admisión de la prueba para evitar el causar un daño irreparable al presunto padre.

Por otro lado, el establecer la toma de muestras forzosas no puede ser una excepción al derecho de intimidad y privacidad ya que se violarían derechos del presunto padre, como el tomar muestras sin su consentimiento, lo que conlleva una coacción física que haría nula dicha toma de muestras. Tampoco es viable la toma de muestras por medio de engaño o de forma que el sujeto no estuviese consciente o al tanto de la cuestión. Pues de igual modo, se estarían violentando derechos sustantivos.

De allí que se refuerce nuestra propuesta por medio del delineamiento de reglas aplicables a la toma y análisis de muestras corporales.

La presunción, como quedó indicado, no opera por sí sola. Deben existir otros medios que la robustezcan y la hagan aplicable al caso. De otro modo, cualquiera, con razón o sin ella, podría demandar sin más formalidades a quien quisiera. De allí otro punto que tiende, en nuestra opinión, a hacer más fuerte la cuestión sobre la prueba genética cuando es tomada de forma indirecta, pero que vincula directamente al presunto padre, ya que las probabilidades dan un alto margen de que el padre sería el señalado aunque, claro dicha prueba se somete a múltiples variables para su aplicación. que tal vez sean lo que entorpezcan en algo su aplicación. Resulta más razonable que se quede sin aplicabilidad la norma jurídica que reglamenta la presunción en materia de filiación.

CONCLUSIONES

PRIMERA.- Podemos señalar que se dejó clara la existencia de un reconocimiento por parte del ámbito legal respecto de las innovaciones científicas que inciden en la vida de los seres humanos. Lo que deja en claro un vínculo entre la Biología y el Derecho, que por intermediación de los descubrimientos de la primera, posibilitaron la utilización de su técnica y conocimientos al ámbito legal.

SEGUNDA.- Las diversas declaraciones de carácter internacional en las que se aboga en términos generales por una legislación al interior de los Estados para la protección de los datos genéticos y la privacidad e intimidad. Salvo las excepciones que en las mismas se señalan. Con relación a de este último derecho, en los ámbitos penal y civil, y en lo tocante a la toma de muestras biológicas para llevar a cabo la prueba genética en ADN a fin de esclarecer un crimen o para imputar la paternidad. Sólo que las declaraciones de este tipo carecen de fuerza vinculante al interior del derecho mexicano, en virtud de no cumplir con los requisitos que para ese efecto señala la legislación aplicable.

Al interior del derecho mexicano se encuentran reconocidos tanto el derecho a la privacidad e intimidad, como el interés superior del menor que le ampara para solicitar se practique la prueba genética en ADN tanto a nivel constitucional, federal y estatal. Esto crea una colisión de derechos.

TERCERA.- Con respecto al carácter de prueba de la pericial en genética en ADN, advertimos que en la jurisprudencia mexicana el tratamiento que se da es el de una protección al interés superior del niño; sin embargo, como la pericial requiere la toma de muestras biológicas, y que ante la negativa del padre opera la presuncional, aunque dicha presunción surte sus efectos si se demuestra con otros hechos que robustezcan la misma. De allí que exista una suerte de falta de operatividad de esta; de acuerdo con la forma en que se da la prueba en nuestro país, así como la presencia de problemas relacionados con dicha prueba en su toma, conservación, análisis. Ya que solo se limita al mero análisis de las palabras que dimanan del la ley.

CUARTA.- En el desarrollo del apartado referente al derecho a la privacidad e intimidad, se debe observar el desarrollo histórico de la familia, pues van aparejados en cuanto a desarrollo histórico, pues hemos señalado que el problema de la imputación de la paternidad es una tribulación inherente a la humanidad y su organización familiar. Se trata de un problema universal, del cual México no puede sustraerse y que se refleja en el modo en que la legislación está redactada, tanto en los distintos países que se situaron, como en el caso mexicano. La pregunta sobre la si la prueba genética en ADN es la solución para poner fin a la eterna problemática de la humanidad por conocer la filiación, merece ponerse a prueba para constatar si su pretendida confiabilidad de 97% se cumple o no.

QUINTA.- Al observar de forma conjunta el derecho a la privacidad y el de los menores a conocer su origen, quedó de manifiesto que en México el debate se centra en estas dos cuestiones, dejando de lado la parte central que vendría a ser el de la prueba pericial en sí misma, lo que implica y sus consecuencias. Por lo que con ayuda del *common law* quedó de manifiesto que a la legislación y a la jurisprudencia en México le hace falta abocarse más a cuestiones centrales de la prueba y no tanto en la lexicología, pues se dejan de lado elementos importantes como la exigencia de controles para la toma y conservación de muestras biológicas, el requisito indispensable de la bioestadística, por mencionar las principales. Se dejó asentado que las inquietudes que se presentan en el ámbito penal sobre los análisis de ADN, son perfectamente aplicables al civil, por tratarse de las mismas técnicas, métodos y problemas para la conservación y análisis de las muestras biológicas.

SEXTA.- Se puede lograr la implementación y operatividad de la prueba pericial en genética de una forma indirecta como en el caso Sarbah del Reino Unido, aunque para ciertos casos y bajo ciertas condiciones que quedaron detalladas.

GLOSARIO

A

ADN (ácido desoxirribonucleico).- Compuesto formado por un gran número de nucleótidos unidos en una cadena larga, del espesor de un nucleótido. Normalmente están unidos por dos cadenas entre sí, paralelamente, por apareamiento de bases enrolladas en doble hélice. Es posible separarlas por la acción del calor (ADN <fundido> o <desnaturalizado>). Cada nucleótido contiene el azúcar desoxirribosa, y una de cuatro bases diferentes, dos pirimidínicas (timina y citosina) y dos purínicas (adenina y guanina). Se ha demostrado que el ADN es el material hereditario (GENE) de casi todos los seres vivos. Posee una gran variedad, necesaria, de estructura, producida por las diferentes disposiciones de los cuatro nucleótidos distintos. Transmite su estructura produciendo copias de sí mismo, formadas probablemente por separación de las dos cadenas y formación de nuevas cadenas que se acoplan con cada una de las primitivas por apareamiento de bases de los nucleótidos (replicación semiconservativa). Su estructura se traduce también para dar la estructura de las moléculas de proteína cuando estas son sintetizadas, mediante un complicado mecanismo en el cual interviene el ARN (mensajero). Se encuentra casi exclusivamente en los cromosomas de las plantas y de los animales y en las estructuras afines de las bacterias y los virus[97].

---

[97]   Abercrombie, M. *et al.*, *Diccionario de Biología*, p. 12.

AUTORADS.- Término común para "autoradiografía", el producto final de un análisis de ADN. Los autorads, que se parecen mucho a un código de barras, están formados por la reacción de electricidad con el material genético. Esta reacción es única para cada muestra de material genético, proveyendo una herramienta invaluable para la identificación. La reacción tiene lugar en una membrana de nylon que es fotografiada contra un film de rayos X[98].

C

CROMOSOMAS.- Cuerpo en forma de filamento, constituido principalmente por ADN y proteína, que se encuentra en número variable en el núcleo de todas las células animales y vegetales. Las bacterias y los virus poseen estructuras que desempeñan una función similar, pero están formadas únicamente por ADN (o en algunos virus por ADN). Se presentan a pares, normalmente varios pares diferentes por núcleo, en las células somáticas de las animales y de las plantas superiores. Los dos miembros de cada par tienen idéntico aspecto y se dice que son homólogos (entre sí). Los cromosomas homólogos se asocian de una manera característica durante la meiosis. Los cromosomas de pares diferentes con frecuencia son visiblemente distintos unos de otros en tamaño o en forma. Se presentan de uno a más de cien pares por núcleo, según las especies (el hombre posee 23 pares, *Drosophila melanoganster* cuatro) y la mayoría de células de la mayor parte de individuos de una especie dada tienen un conjunto de cromosomas semejantes característico de esa especie. Los gametos y las células del gametofito de las plantas, poseen solamente un miembro de cada par en sus núcleos. Los cromosomas de ordinario solamente son visibles durante la mitosis o la meiosis, cuando se contraen en sentido longitudinal y se convierten en cortos bastones (de unas micras de longitud), probablemente por enroscarse en espiral. No obstante, se han observado delicados filamentos en el núcleo vivo en reposo

---

[98] Forensic files, en http://www.forensicfiles.com/forensicterms.htm. Consultada el 8/febrero/2009.

GENOMA HUMANO Y DERECHO

que probablemente son cromosomas. Se tiñen fuertemente con los colorantes básicos (son basófilos) durante la mitosis o la meiosis.

Los cromosomas presentan una estructura muy diferenciada en toda su longitud. Esta diferenciación se debe a una serie de genes diferentes dispuestos linealmente a un centrómero en un punto determinado; y a regiones de heterocromatina. La disposición de estos elementos es prácticamente igual en los cromosomas homólogos. En algunas especies la disposición de muchos de los genes (es decir, de los loci) se ha podido determinar (Mapa cromosómico); es posible establecer una correlación con zonas visibles en los cromosomas gigantes de las glándulas salivales.

Antes de cada división nuclear (mitosis) cada cromosoma se duplica y las dos partes se separan emigrando a los dos núcleos hijos. Esto implica la duplicación del ADN[99].

G

GENE O GEN.- El gen es la unidad fundamental de la herencia. Se trata de una estructura estrecha en una posición específica de un filamento de ADN que carga las instrucciones para la fabricación de proteínas particulares[100].

GENOMA.- El total del material genético de un individuo o una especie, por lo común constituido por DNA, aunque en algunos virus, por RNA. EL vocablo se compone de las palabras genes y cromosomas. En los organismos diploides hay en realidad dos genomas, de origen paterno y materno, respectivamente. Está en los cromosomas, los que se localizan en el núcleo de todas las células en los organismos eucariontes. Hay también pequeños genomas en organelos como las miticondrias[101].

---

[99] Ibidem, p. 62.
[100] Denis, Carina y Gallagher, Richard, *op. cit.*, p. 18.
[101] Velázquez Arellano, Antonio (coord.), *Lo que somos y el genoma humano. Des-velando nuestra identidad,* México, P. 148.

137

K

KANAMICINA.- La kanamicina es un antibiótico aminoglucósido. Este medicamento mata o detiene el crecimiento de ciertas bacterias. Se utiliza en el tratamiento de infecciones bacterianas. No es efectivo para resfríos, gripe u otras infecciones de origen viral[102].

L

LOCUS y LOCI.- Sitio de un cromosoma que ocupa un *alelo* de un gen. Es un vocablo latino, cuyo plural es loci (sitios)[103].

M

MIOGLOBINA.- Es un pigmento proteico en la sangre que contiene hierro, llamado mioglobina, el cual que puede causar graves daños renales[104].

N

NUCLEOTIDOS.- Moléculas que constituyen los "eslabones" de los ácidos nucleicos. Cada Nucleótido tiene un azúcar (distintos en el DNA-desoxirribosa-y en el RNA-ribosa-), un fosfato y una base nitrogenada, o simplemente "base". Hay cuatro tipos de nucleótidos en el DNA, según las bases que contengan: adenina (A), guanina (G), timina (T) y citosina (C). En el RNA, en vez de timina hay uracilo (U)[105].

---

[102] En: http://www.answers.com/topic/tabletas-bucales-de-liberaci-n-prolongada-de-nitroglicerina. Consultada el 8/febrero/2009.

[103] Velázquez Arellano, Antonio (coord.), *op. cit. nota 101*, p. 150.

[104] En http://www.salud.com/enfermedades/rabdomiolisis.asp. Consultada el 8/febrero/2009.

[105] Ibidem, p. 151.

P

PCR.- Reacción en cadena de la polimerasa (PCR). Es una técnica que permite obtener una ampliación selectiva *in vitro* de largas secuencias de ADN o ARN.

PLASMA GERMINAL.- Un tipo especial de plasma que Weismann (1834-1914) suponía que era transmitido sin modificaciones sustanciales de generación en generación a través de las células germinales, y que originaba en cada individuo las células corporales (soma) pero que se mantenía distinto y no era afectado por el ambiente del individuo (teoría de la continuidad del plasma germinal). *Grosso modo* equiparable a los modernos genes, los cuales, sin embargo, no están limitados a las células germinales, sino que existen en todas las células del organismo. Un citoplasma especial del óvulo que durante el desarrollo embrionario queda restringido a las futuras células germinales del adulto, especie de plasma germinativo que, sin embargo, no da origen al soma. Se ha encontrado en algunos animales, pero no en los demás[106].

PLÁSMIDO.- Es una pequeña parte circular del ADN de una bacteria que codifica funciones específicas como resistencia antibiótica y que puede traspasarse de un organismo a otro. Una parte muy utilizada de las herramientas empleadas por los ingenieros genéticos de plantas es el plásmido Ti. Este plásmido deriva de la bacteria *Agrobacterium tumefaciens*, que causa nódulos en la cofia de las plantas y proporciona un medio para transferir a estas nuevos genes[107].

POLIMERASA.- Enzima que favorece la asociación de nucleótidos de DNA o RNA[108].

---

[106] Abercrombie, M. *et al., Op. cit.,* p. 187.
[107] Federación Europea de Biotecnología boletín 6, abril de 1997, en http://files. efbpublic.org/downloads/whatswhat_in_biotech_Spanish.pdf. Consultada el 8/ febrero/2009.
[108] Velázquez Arellano, Antonio (coord.), *Op. cit.,* p. 152.

R

REVOLUCIÓN CIENTÍFICA.- Aquellos episodios de desarrollo no acumulativo en los que un paradigma antiguo se ve sustituido en todo o en parte por otro nuevo incompatible con él[109].

RFLP.- Término para fragmentos de restricción y polimorfismo de longitud. Fragmentos de DNA de diferentes longitudes, obtenidos con enzimas de restricción, que permiten distinguir a individuos. Este polimorfismo resulta de las variaciones en las secuencias de DNA y puede ser detectado por análisis con Southern y sondas marcadas. Se utilizan como marcadores en mejoramiento. Representan diferencias en secuencias de nucleótidos entre alelos en un locus cromosómico[110].

S

SECUENCIACIÓN.- Determinación del orden de nucleótidos o bases en una molécula de DNA O RNA, o del orden de los aminoácidos en una proteína[111].

T

TETRACICLINA.- La tetraciclina es un antibiótico. Por lo tanto es un medicamento que se usa en ciertas infecciones.

Tiene un espectro de acción muy amplio que abarca bacterias gram negativas y gram positivas.

---

[109]   Khun, Thomas S., *La estructura de las revoluciones científicas*, p. 186.
[110]   Información general en biotecnología, en http://www.robertexto.com/archivo7/ info_biot.htm. Consultada el 8/febrero/2009.
[111]   Velázquez, p. 148.

Antíguamente, a finales de los 50 y principios de los 60, fue un antibiótico muy usado en embarazadas y niños. Pero desafortunadamente uno de sus efectos secundarios tardíos en descubrir, era que producía tinciones a nivel dental[112].

---

[112] En: http://www.tetraciclina.info/tetra.htm. Consultado el 8/febrero/2009.

BIBLIOGRAFÍA

Abercrombie, M. *et al., Diccionario de Biología,* traducción Juan Massot Gimeno, Barcelona, Editorial labor S.A., 1970.

Albarellos, Laura, *El fenómeno jurídico genómico,* México, Ángel Editor, 2003.

Álvarez de Lara, Rosa María (coord..), *Panorama Internacional del derecho de familia, Culturas y Sistemas Jurídicos comparados,* t. II, México, Universidad Nacional Autónoma de México, 2006.

Arellano, Carlos, *Primer Curso de Derechos Internacional Público,* 6ª ed., México, Porrúa, 2006.

Aristóteles, *Política,* 19 edi., trad. Antonio Gómez Robledo, México, Editorial Porrúa, 2000.

Baytelman Andrés y Duce, Mauricio, *Litigación penal juicio oral y prueba,* Fondo de Cultura Económica, México, 2005.

Brown, T.A., *Genomes,* U.S.A, John Wiley and sons Inc., 1999.

Bergel, Salvador y Minyeresky Nelly, *Bioética y Derecho,* Rubinzal-Calzoni Editores, Argentina, 2003.

Blázquez, Javier, *Derechos Humanos y Proyecto Genoma,* s.e, Granada, 1999.

Brena Sesma, Ingrid (coord.), *Panorama Internacional en salud y derecho. Culturas y sistemas jurídicos comparados,* México, Universidad Nacional Autónoma de México, 2007.

Caballero, Ariel Alberto, *Las Garantías Individuales en México,* México, Porrúa, 2002.

Campell, Malcom, Heyer, Laurie, *Genomics, proteomics and bioinformatics,* Pearson Education, United States of America, 2003.

Carmona Tinoco, Jorge, *La interpretación judicial constitucional,* México, UNAM-CNDH, 1996.

Carmona, Jorge Ulises, *"Comentarios a la ejecutoria dictada con motivo del amparo en revisión número 2/2000",* en Decisiones relevantes de la Suprema Corte de Justicia de la Nación, inviolabilidad de las Comunicaciones Privadas, México, SCJN, 2005.

Chieri, Primarosa y Zannoni, Eduardo, *Prueba del ADN,* 2ª edi., Ciudad de Buenos Aires, Editorial Astrea, 2001.

Cunnings, Shelly, *et. al., Current perspectives in genetics,* 2nd edition, Brooks/Cole, 2000.

Darwin, Charles, *El origen de las especies,* trad. Elizabeth Martínez, España, Edicomunicación S.A., 2001.

Denis, Carina y Gallagher, Richard, *The Human Genome,* New York, Harper Collins, 2001.

Engels, Federico, *El origen de la familia, la propiedad privada y el Estado,* Moscú, Editorial progreso, sin año.

Ferrer, Jordi, *et. al., Estudios sobre la prueba,* Instituto de Investigaciones Jurídicas, México, 2006.

Gamas Torruco, José, *Derecho Constitucional Mexicano,* México, Editorial Porrúa, 2001.

Gómez Lara, Cipriano, *Derecho Procesal Civil,* 6ta edición, Oxford, México, 1998.

Gómez-Robledo, Alonso y Ornelas Núñez, Lina, *Protección de datos personales en México: el caso del Poder Ejecutivo Federal,* México, Instituto de Investigaciones Jurídicas, 2006.

González-Trevijano, Pedro, *La inviolabilidad del domiclio,* España, Editorial Tecnos, 1992.

Gregory, Ryan, *The evolution of the genome,* United States of America, Elsevier Academics Press, 2005.

Hegel, G. W. F., *Enciclopedia de las ciencias filosóficas,* trad. Ramón Valls Plana, España, Alianza Editorial, 1999.

Hegel. G.W.F., *Philosophy of Right,* trad. T.M. Knox, Gran Bretaña, Hillman and sons ltd., 1965.

Heilman, Eric, *En busca de la identidad: Huellas génicas y policía científica,* en Genes en el Estado, Daniel Borrillo (ed.), Madrid, Consejo de Investigaciones Científicas, Instituto de Estudios Sociales Avanzados, 1996.

Khun, Thomas S., *La estructura de las revoluciones científicas,* 1ª Reimpresión, trad. Carlos Solís Santos, México, FCE, 2007.

Kymlicka, Will, *Filosofía política contemporánea. Una introducción,* 1ª edi., trad. Roberto Gargarela España, Editorial Ariel, 1995.

López Monroy, José de Jesús, *Sistema jurídico del Common Law,* 3ª edi., México, Editorial Porrúa, 2003.

Los Derechos del Pueblo Mexicano, México a través de sus Constituciones, México, Porrúa, IFE, Senado de la República, Cámara de Diputados, Poder Judicial, 2006, t.XV.

Márquez Rabago, Sergio, *Evolución Constitucional Mexicana,* México, Editorial Porrúa, 2002.

Martínez, Víctor, *Genética Humana y derecho a la vida privada,* en Instituto de Investigaciones Jurídicas, *Genética Humana y derecho a la intimidad,* UNAM, 1995.

Malpica, Lorena, *El derecho a la intimidad y el genoma humano,* en García, Dora y Malpica, Lorena (coord.), *Estudios de derecho y bioética,* México, Porrúa-Universidad Anáhuac, 2006, t.I.

Moreno Hidalgo, Omar, *La interpretación constitucional en México y los Estados Unidos,* México, s.e., 2005.

Muñoz, Marcia, *Reflexiones en torno al derecho genómico,* Instituto de Investigaciones Jurídicas, México, 2002.

Pallares, Eduardo, *Derecho Procesal Civil,* 4ª ed., Editorial Porrúa, México, 1971.

Pedroza de la Llave, Susana Thalia y García Huante, Omar (comp.), *Compilación e instrumentos internacionales de derechos humanos, firmadas y ratificadas por México 1921-2003, t. 1,* primera reimpresión, México, Comisión Nacional de los Derechos Humanos, 2004.

Real Academia Española, *Diccionario de la Lengua Española,* 21ª edi., Madrid, España, Editorial Espasa Calpe, 1992, t. l.

Real Academia Española, *Diccionario de la Lengua Española,* 21ª edi., Madrid, España, Editorial Espasa Calpe, 1992, t. II.

Rebollo, Lucrecio, *El derecho fundamental a la intimidad,* Madrid, Editorial Dykinson, 2000.

Reilly, Philip, *Is it in your genes ?,* Cold Spring Harbor Laboratory Press, New York, 2004.

Ridley, Matt, *Genoma,* trad. Irene Cifuentes, 1ª Reimpresión, México, punto de lectura, 2006.

Rodríguez y Rodríguez, José, "Inviolabilidad del domicilio", en Instituto de Investigaciones Jurídicas, en *Enciclopedia jurídica mexicana,* 2ª edi., México, Porrúa. UNAM, 2004, t.IV.

Ruiz, Carlos, *El derecho a la protección de la vida privada en la jurisprudencia del Tribunal Europeo de Derechos Humanos,* España, Editorial Civitas, 1994.

Saada, Alya y Valadés, Diego (comp.), *Panorama sobre la legislación en materia de genoma humano en América Latina y el Caribe,* México, Universidad Nacional Autónoma de México Red Latinoamericana y del Caribe de Bioética de la UNESCO, 2006.

Snuslad, Peter, *et. al., Principles of genetics,* U.S.A, John Wiley and sons, Inc., 1997.

Tena, Felipe, *Derecho Constitucional Mexicano,* 8ª ed., México, Porrúa, 1967.

The genome of Homo Sapiens, Cold Spring Harbor Symposium on quantitative biology, Cold Spring Harbor Laboratory Press, New York, 2003.

Velázquez Arellano, Antonio (coord.), *Lo que somos y el genoma humano. Des-velando nuestra identidad,* México, UNAM-FCE, 2004.

Warren, Samuel y Brandeis, Louis, *El derecho a la intimidad,* trad. Benigno Pendás y Pilar Baselga, Madrid, España, Editorial Civitas, 1995.

Watson, James, *ADN The secret of life,* New York, Alfred A. Knopf, 2004.

Watson, James, *A passion for DNA,* Cold Spring Harbor Laboratory, New York, 2001.

Zertuche, Héctor, *La jurisprudencia en el sistema jurídico Mexicano,* 2ª ed., México, Porrúa, 1992.

CITAS DE INTERNET

Carmona, Jorge, *Algunos aspectos de la incorporación del derecho internacional de los derechos humanos en las constituciones locales,* en: *http://www.cddiputados.gob.mx/POLEMEX/DGCS/SDP/0008/0807/ bols_pdf/Ponencia-Carmona.pdf.* Consultada el 6/enero/2009.

Diario Oficial de la Federación, *Decreto por el que se reforman y adicionan diversas disposiciones de la Constitución Política de lo EstadosUnidosMexicanos.http://dof.gob.mx/nota_detalle.php?codigo= 5046978&fecha=18/06/2008.* Consultada el 10/julio/2008.

Federación Europea de Biotecnología boletín 6, abril de 1997, en http:// files.efbpublic.org/downloads/whatswhat_in_biotech_Spanish.pdf. Consultada el 8/febrero/2009.

Forensic files, en http://www.forensicfiles.com/forensicterms.htm. Consultada el 8/febrero/2009.

http://www.answers.com/topic/tabletas-bucales-de-liberaci-n-prolongada-de-nitroglicerina. Consultada el 8/febrero/2009.

http://www.salud.com/enfermedades/rabdomiolisis.asp. Consultada el 8/febrero/2009.

Información general en biotecnología, en http://www.robertexto.com/ archivo7/info_biot.htm. Consultada el 8/febrero/2009.

http://www.tetraciclina.info/tetra.htm. Consultado el 8/febrero/2009.

Patton, Stephen M., "DNA fingerprinting: The Castro Case", *Spring Issue,* Volume3,1990,en:*http://jolt.law.harvard.edu/articles/pdf/ v03/03HarvJLTech223.pdf.* Consultado el 10/agosto/2008.

TESIS AISLADAS Y JURISPRUDENCIAS DEL PODER JUDICIAL FEDERAL

Tesis: P. LXXVll/99, *Semanario Judicial de la Federación y su Gaceta,* Novena Época, t.X, noviembre de 1999, p. 46.

Tesis 2ª. CLX/2000, *Semanario Judicial de la Federación y su Gaceta,* Novena Época, t. XII, diciembre de 2000, p. 428.

Tesis: XXll 2º 13C, *Semanario Judicial de la Federación y su Gaceta,* Novena Época, t. XV, abril de 2002, p. 1319.

Tesis 2ª CLXXl/2002, *Semanario Judicial de la Federación y su Gaceta,* Novena Época, t. XVl, diciembre de 2002, p. 292.

Tesis: XVll, *Semanario Judicial de la Federación y su gaceta,* Novena Época, t. XVll, abril de 2003, p. 88.

Tesis II.2º.C.502C, Semanario Judicial de la Federación, Novena Época, t. XXII, noviembre de 2005, p. 860.

Tesis: 1ª CCXVlll/2005, *Seminario Judicial de la Federación y su gaceta,* Novena Época, t. XXlll, enero de 2006, p. 737.

Tesis Vl. 1ºC.88C, *Semanario Judicial de la Federación y su gaceta,* Novena Época, t. XXlV, agosto de 2006, p. 2317.

Tesis: I. 3°. C.576 C, *Semanario Judicial de la Federación*, Novena Época, t. XXV, enero de 2007, p. 2306.

Tesis: 2ª/J.10/2007, *Semanario Judicial de la Federación y su Gaceta*, Novena Época, t. XXV, febrero de 2007, p. 738.

Tesis 1ª/J.101/2006, *Semanario Judicial de la Federación y su Gaceta*, Novena Época, t. XXV, marzo de 2007, p. 111.

Primera Sala, *Semanario Judicial de la Federación y su Gaceta*, Novena Época, t. XXV, marzo del 2007, p. 112.

Tesis 1ª/J.100/2006, *Semanario Judicial de la Federación y su Gaceta*, Novena Época, t. XXV, marzo de 2007, p. 149.

Tesis 1ª/J.99/2006, *Semanario Judicial de la Federación y su Gaceta*, Novena Época, t. XXV, marzo de 2007, p.150.

Tesis 1ª CXL/2007, *Semanario Judicial de la Federación y su Gaceta*, Novena Época, t.XXVI, julio de 2007, p. 267.

Tesis 1ª CXLIX/2007, Semanario Judicial de la Federación y su Gaceta, Novena Época, t. XXVI, julio de 2007, p. 2007.

Tesis I.3°.C.644C, *Semanario Judicial de la Federación y su Gaceta*, Novena Época, t. XXVI, octubre 2007, p. 3250.

Tesis: P.XIX/2008, *Semanario Judicial de la Federación y su Gaceta*, Novena Época, t. XXVII, febrero de 2008, p. 23.

Tesis VII.2ºC.IIIC, *Semanario Judicial de la Federación y su Gaceta*, Novena Época, t.XXVII, febrero de 2008, p. 2313.

Tesis 2ª LXIII/2008, Semanario Judicial de la Federación y su Gaceta, Novena Época, t. XXVII, mayo de 2008, p.229.

www.ingramcontent.com/pod-product-compliance
Lightning Source LLC
Chambersburg PA
CBHW061307280526
45784CB00002B/927